विषय सूची

रचनात्मकता *और* नवीनता

मिलजुलकर प्रयास (टीमवर्क) *और* नेतृत्व

100 प्रेरक देसी कहानियाँ

सफलता और खुशी के लिए प्रेरक कहानियाँ

100 DESI STORIES TO INSPIRE YOU

NOW IN HINDI

मधुर ज़ाकिर हल्लेगुआ

जयको पब्लिशिंग हाउस

अहमदाबाद बेंगलोर चेन्नई
दिल्ली हैदराबाद कोलकाता मुम्बई

Published by Jaico Publishing House
A-2 Jash Chambers, 7-A Sir Phirozshah Mehta Road
Fort, Mumbai - 400 001
jaicopub@jaicobooks.com
www.jaicobooks.com

100 DESI STORIES TO INSPIRE YOU
१०० प्रेरक देसी कहानियाँ
ISBN 978-93-86348-20-3

First Jaico Impression: 2017
Second Jaico Impression (New Cover): 2024

Translator: Dr. O. P. Jha

Printed by
Trinity Academy For Corporate Training Limited, Mumbai

आत्मविश्वास और तनाव प्रबंधन

मानवीय संवेदना

1
रचनात्मक सोच

रचनात्मक सोच तथा समस्याओं को सुलझाने की हुनर के कारण गाँव में विक्रम का बहुत नाम था। अपनी कठिन समस्याओं के निदान के लिए बहुत–से लोग उसके पास आया करते थे।

एक बार की बात है। एक युवा दोस्त विलाप करते हुए उसके पास आया। जब विक्रम ने पूछा कि 'आखिर बात क्या है ?' तो दोस्त ने कहा, " मैं बहुत भूखा था। मगर मेरे पास एक ही रोटी थी। मेरे पास खाने के लिए कुछ भी नहीं था। मैं एक होटल के बाहर खड़ा था और वहाँ पर मसालेदार पकवानों की खुशबू की ओर मैं खिंचा जा रहा था। लेकिन मैं कुछ कर नहीं सकता था। एक पेड़ के नीचे बैठकर मैंने अपनी रोटी खा ली।

इतने में होटल का मालिक बाहर आकर मुझे पकड़ लिया। उसने कहा, "तुमने रोटी तो अपनी खायी है, मगर खुशबू मेरे पकावानों का लिया है। अब तुम्हें कीमत चुकानी होगी उस खुशबू की जो तुमने मेरे पकवानों से ली है।"

मैंने उसका विरोध किया और कहा कि मैंने तुम्हारे यहाँ खाना नहीं खाया है तो तुम्हें पैसा क्यों दूँ। इसके बाद भी उसने मुझ पर चिल्लाया और मुझे घर जाकर पैसे लाने के लिए कहा। न तो मैंने उसका खाना खाया और न ही उसे देने के लिए मेरे पास पैसे हैं। कृपया मेरी मदद करो!"

विक्रम ने अपने दोस्त से कहा, "चलकर होटल मालिक से मिलते हैं।" हालांकि उसका दोस्त वहाँ नहीं जाना चाहता था मगर उसे विक्रम की निर्णय–शक्ति पर विश्वास था। वह विक्रम के साथ होटल

मालिक से मिलने चला गया। विक्रम ने उससे कहा, ''मेरा दोस्त जो खाना आपके यहाँ नहीं खाया उसके लिए वह पैसे देने के लिए आया है।'' इस पर होटल मालिक ने कहा, ''मैं तुम्हारे दोस्त का इंतज़ार कर रहा था।''

उसके बाद रचनात्मक दिमाग वाले विक्रम ने अपनी बटुआ से पैसा निकाला। होटल मालिक ने अपना हाथ आगे बढ़ाया। मगर न तो विक्रम ने पैसा दिया और न ही होटल मालिक ने उसके बयान का विरोध किया।

विचार–मंथन

1. विक्रम ने कैसे समस्या का समाधान किया?
2. इस कहानी से क्या शिक्षा मिल सकती है?

नीचे दिए गए जवाब को देखने से पहले विचार–मंथन आपको स्वयं इन प्रश्नों का जवाब सोचने के लिए प्रोत्साहित करता है।

जवाब

1. विक्रम ने अपनी बटुआ से कुछ सिक्के निकाले, लेकिन उन्होंने ये सिक्के होटल मालिक को नहीं दिए। उन्होंने उन सिक्कों को अपने एक हाथ की हथेली में रखकर उन्हें दूसरे हाथ की हथेली से ढँक दिया। इसके बाद उन सिक्कों को झनझनाने लगा। सिक्कों की खनक सुनाई देने लगी। इस पर होटल मालिक के पूछने पर कि आखिर माजरा क्या है, विक्रम ने जवाब दिया : ''उसके दोस्त ने अपनी रोटी होटल के पकवानों कि खुशबू के साथ खाया है तो यह उचित ही होगा कि वह होटल मालिक को भुगतान सिक्कों की खनक से कर दे।

2. रचनात्मक विचारों से कठिन समस्या का निदान आसानी से हो सकता है। किसी कठिन समस्या से सामना होने पर हममें से अधिकांश लोग घबरा जाते हैं, मगर एक सृजनशील चिंतक उसका हल आसानी से कर देता है। अपनी रचनात्मकता से विक्रम ने उचित समाधान खोज लिया और अपने दोस्त की समस्या को सुलझा दिया।

2
घर में शांति के मंत्र

राधा परेशान रहा करती थी। आम तौर वह नई पीढ़ी से ही परेशान रहा करती थी, मगर अपनी बहू से तो खास तौर पर परेशान थी। ''इस कमसीन ठग लड़की के मन में बड़े–बुजुर्गों के प्रति तनिक भी सम्मान नहीं है। घर के काम–काज में वह मेरा हुकुम क्यों नहीं मान सकती? वह हर काम अपनी मर्जी से करती है। यदि मेरी मर्जी चलती तो मैं इस शादी के लिए कभी इजाजत नहीं देती!'' यह बात उसने अपनी एक पड़ोसन से कही।

जब रमेश काम से घर लौटा तो उसने अपनी माँ के चेहरे पर ग़ौर किया और समझ गया कि आज घर में फिर से विवाद हुआ है। अपनी माँ को शांति–सुकून पहुँचाने की बहुत ख्वाहिश थी। उसकी पत्नी यामिनी घर के काम–काज में होशियार थी किंतु वह रसोई में आधुनिक उपकरणों को लगाने की पक्षधर थी। लेकिन रमेश का मानना था कि इंसान को पहले से चले आ रहे ढर्रे को अपनाना चाहिए।

उसकी माँ राधा कम उम्र में ही ब्याही गई थी और रमेश जब नन्हा बालक ही था तभी उसके पिता इस दुनिया से चल बसे। घर के खर्चे के लिए काम करने और अपने सास–ससुर की देखभाल तथा बेटे की परवरिश करने में राधा समय से पहले ही बूढ़ी हो गई। रमेश की जब शादी हो गई तो उसे लगा कि कि वह चैन की साँस लेगी। मगर अब तो वह पहले से अधिक परेशान रहने लगी।

वह रमेश से बोली, ''तुम कल मेरे साथ पंडित जी के यहाँ चलोगे और तुम अपनी घरवाली से इस बारे में कुछ भी बात नहीं करोगे।''

हालांकि रमेश ज्योतिषियों पर यकीन नहीं करता था। फिर भी पंडित जी एक विद्वान व्यक्ति थे और गाँव के एक सम्मानित ज्योतिषी थे।

अगले दिन सुबह में राधा और रमेश पंडित जी के पास गए। राधा ने पंडित जी से यामिनी के बारे में सब कुछ बताया और कहा कि किस प्रकार उसके व्यवहार से वह परेशान है। ''पंडित जी, इस तबाही से बचने के लिए कोई उपाय बताइए।'' रमेश को इन सब बातों पर यकीन नहीं हो रहा था। किसी के घर की समस्या को कोई ज्योतिषी कैसे सुलझा सकता है? उसने लगा कि पंडित जी उसे ध्यान से देख रहे हैं।

पंडित जी ने ग्रहों की स्थिति पर ग़ौर किया। उन्होंने कहा, ''हूँ......ग्रहों का खराब प्रभाव दिख रहा है। आपकी समस्या गंभीर है। इसे दूर करने के उपाय हैं लेकिन उसके लिए मैं जो कहूँगा उसका आपको दृढ़तापूर्वक पालन करना होगा।'' इस पर राधा ने सिर हिलायी।

पंडित जी ने कहा, ''मैं आपको एक मंत्र दूँगा। इसे आपको सुबह–शाम दो–दो घंटे जप करना होगा। तभी यह मंत्र काम करेगा। मंत्र है:

श्रीराम जय राम जय जय राम ।

घर में शांति के लिए यह एक अद्‌भुत मंत्र है। इस मंत्र का जप आपको जीवन पर्यन्त करना होगा। इसी से आपकी समस्या का निदान होगा।'' राधा ने सहमति जतायी मगर एक बार फिर रमेश ने सोचा कि यह कैसे संभव होगा।

लेकिन राधा इसे अजमाने के लिए कटिबद्ध थी। उसने आस्थापूर्वक सुबह–शाम इस मंत्र का जप प्रारंभ किया। रमेश ने ग़ौर किया कि यामिनी और राधा के बीच धीरे–धीरे कलह कम होने लगा। पति–पत्नी सुकून के साथ रहने लगे और उसकी माँ भी शांत रहने लगी। उसने सोचा कि कदाचित सच में यह मंत्र का ही प्रभाव हो। एक माह और शांति से गुजर जाने के बाद उसे यकीन हो गया। उसे पंडित जी से क्षमा मांगना चाहिए। उसे पश्चाताप होने लगा कि उसे इस मंत्र के असर पर यकीन नहीं था।

अगले दिन सुबह वह पंडित जी के घर गया। पंडित जी ने उसका स्वागत किया और उससे उसकी घरेलू समस्या के बारे में पूछा। इस पर रेमश ने कहा, " पंडित जी, समस्या पूरी तरह से सुलझ गई है। वे न केवल ठीक से रह रही हैं बल्कि एक–दूसरे के साथ भी शांति से है। आपके शांति मंत्र ने अद्‌भुत असर दिखाया गया है। आपको धन्यवाद देने के लिए मेरे पास शब्द नहीं हैं।"

इस पर पंडित जी हँसने लगे। रमेश को अचरज होने लगा। पंडित जी ने कहा, "मेरे दोस्त, निस्संदेह यह एक प्रभावशाली मंत्र है। इससे संसार की अनेक समस्याओं का निदान संभव है। मगर यह गृह शांति के लिए मंत्र नहीं है।"

रमेश ने आश्चर्यपूर्वक पूछा, "तब इसने असर कैसे दिखाया?"

विचार–मंथन

1. यदि मंत्र गृह शांति के लिए नहीं था तो इससे समस्या को कैसे सुलझाया जा सका?

नीचे दिए गए जवाब को देखने से पहले विचार–मंथन आपको स्वयं इस प्रश्न का जवाब सोचने के लिए प्रोत्साहित करता है।

जवाब

1. हालांकि यह एक शक्तिशाली मंत्र था लेकिन वास्तव में यह मंत्र का असर नहीं था। पंडित जी एक व्यवहार कुशल व्यक्ति थे। उन्होंने राधा की समस्या को समझ लिया। उन्होंने राधा से सुबह–शाम दो–दो घंटे मंत्र का जप करने के लिए कहा था। इससे वह खुद में व्यस्त हो गई और यामिनी के काम में दखल अंदाज़ी नहीं की। यामिनी भी शांति से घर का अपना काम कर सकी। दो–दो घंटे तक मंत्र का जप करने के बाद राधा यामिनी के घरेलू काम में हस्तक्षेप करने अथवा उससे लड़ने की मनःस्थिति

3

'मेरे' भगवान

पाँच साल की ऋचा छुट्टियों के दिन में अपनी दादी के पास आयी थी। उसकी दादी चित्रकला की शिक्षिका थी। वह चाहती थी कि छुट्टियों के दौरान चित्रकला में ऋचा रूचि ले।

अपनी दादी की मदद से ऋचा ड्राइंग करने लगी। उसने 15 दिनों तक हर प्रकार की आकृतियों का रेखांकन किया। उसके बाद एक दिन दादी ने पूछा, ''ऋचा, आज तुम कौन–सा चित्र बनाओगी?'' ऋचा पल भर सोचती रही, फिर बोली, ''आज मैं भगवान का चित्र बनाऊंगी।''

इस बात से दादी भौंचक्का रह गई। उसे आश्चर्य हुआ कि ऋचा किस तरह से भगवान का चित्र बना पाएगी। लेकिन उसने निर्णय लिया कि बच्चे को हतोत्साहित नहीं किया जाए। ऋचा लगभग दस मिनट तक चित्र बनाती रही।

इस दौरान दादी उत्सुकतापूर्वक इंतजार कर रही थी। वह सोच रही थी कि कभी वह बहुत अच्छी कलाकार बनेगी। वह ऋचा की कलाकृति देखने का इंतज़ा करने लगी।

हालांकि उसे आशंका थी कि ऋचा उसके घर में देवी–देवताओं के चित्र के जैसी कोई आकृति बना पाएगी मगर उसे इतनी उम्मीद तो ही कि उन चित्रों से मिलती–जुलती कोई आकृति वह बना लेगी।

ऋचा ने आवाज दी, ''दादी, मैंने काम पूरा कर लिया। मेरा चित्र देखिए।'' दादी ने आकर ऋचा का चित्र देखा और देखती कवह हतप्रभ हो गई। चित्र देखकर उसे उल्लास एवं निराशा – दोनों हुई।

ऋचा ने पूरे पृष्ठ पर वृत, वर्ग और अनके बेतरतीव आकृतियों का निर्माण किया था।

निराश दादी ने पूछा, "यह क्या है, ऋचा?"

ऋचा ने जवाब दिया, "भगवान"।

"यह सही चित्र नहीं है, ऋचा। यह भगवान नहीं हैं। क्या तुमने नहीं देखा है कि हम मंदिरों में और घर में किस तरह के भगवान की प्रार्थना करते हैं। मेरे साथ आओं, मैं तुम्हें भगवान का चित्र बनाना सीखाती हूँ।"

ऋचा कुछ देर तक अपनी दादी को देखती रही और फिर बोली, "दादी, आपके भगवान वैसे हैं। 'मेरे भगवान मेरे चित्र जैसे हैं।"

विचार-मंथन

1. इस कहानी का मूल तत्त्व क्या है?

नीचे दिए गए जवाब को देखने से पहले विचार-मंथन आपको स्वयं इस प्रश्न का जवाब सोचने के लिए प्रोत्साहित करता है।

जवाब

1. जैसा कि सबको मालूम है, भगवान का वर्णन हम अनेक रूपों में कर सकते हैं। वह एक मासूम बच्ची थी और उसे यकीन था कि उसने जो वृत्त, वर्ग और टेढ़े-मेढ़े आकृतियों का निर्माण की है, वही उसका भगवाना है। हमलोगों की तरह उस मासूम के मन में आकार, प्रकार और रंगों को लेकर कोई विशिष्ट धारणाएँ अथवा सीमाएँ नहीं हैं।

4

दूध से भरा पात्र

बात उस समय की है जब अपने देश से उत्पीड़ित होकर पारसी समुदाय के लोग पहली बार भारत आए थे। वे लोग सबसे पहले गुजरात में सजान पहुँचे। उन्होंने राजा जदी राणा से गुजरात में बसने के लिए शरण मांगी थी।

हालांकि उन लोगों को वहाँ बसाने के लिए राजा बहुत उत्सुक नहीं थे। उन्होंने पारसियों के पास दूध से लबालब भरा एक पात्र भेजा जिसका मतलब था कि उनके राज्य में पहले से लोग बहुत हैं और अब किसी के लिए वहाँ पर जगह नहीं है।

इसके जवाब में पारसियों के नेता ने दूध में थोड़ी चीनी डाल दी।

इससे राजा प्रभावित हुए और उस समुदाय को गुजरात में बसने की अनुमति दे दी।

विचार-मंथन

1. अपने कार्य से पारसी नेता क्या संदेश देना चाहते थे?

नीचे दिए गए जवाब को देखने से पहले विचार-मंथन आपको स्वयं इस प्रश्न का जवाब सोचने के लिए प्रोत्साहित करता है।

जवाब

1. राजा ने पारसी समुदाय के पास दूध से भरा पात्र भेजकर यह संदेश देना चाहा कि उसके राज्य में पारसी लोगों को शरण देने के लिए जगह नहीं है। पारसी नेता ने दूध में चीनी डालकर यह संदेश दिया कि दूध में चीनी डालने से दूध के आयतन में वृद्धि नहीं होती है मगर उसकी मिठास में वृद्धि हो जाती है, इसी प्रकार वे लोग उस राज्य के नागरिकों के जीवन में मिठास घोल देंगे।

5
उचित जवाब

एक समय की बात है। बहुत ही शान–शौकत में रहने वाला एक राजा था। उन्हें ज्योतिष शास्त्र में दिलचस्पी थी। उनके दरबार में एक ज्योतिषी थे जो उन्हें हर रोज सलाह दिया करते थे। उन्होंने अपने राज्य से गुजरने वाले सभी ज्योतिषियों को उनके दरबार में आकर उन्हें सलाह देने के लिए न्यौता दे दिया था। दरबार में आने वाले ज्योतिषियों को वह पुरस्कृत किया करते थे।

अनेक ज्योतिषी दूर–दराज से आकर उन्हें सलाह दिया करते थे और वह उनकी बातें सुना करते थे। पुरस्कार की उम्मीद वे राजा से अच्छी–अच्छी बातें कहा करते थे, जैसे कि उन पर किस तरह से भगवान की कृपा बनी हुई है, उनकी प्रजा उनसे कैसे प्रसन्न है और इस साल बहुत अच्छी फसल होगी।

एक दिन एक बुजुर्ग ज्योतिष उनके दरबार में आए। राजा ने उनका स्वागत किया और उन्हें सलाह देने के लिए कहा। बेचारा ज्योतिषी एक सीधा–सादा आदमी था। जब राजा ने पूछा कि वह कितने साल तक जीवित रहेंगे तो ज्योतिषी ने जवाब दिया, ''महाराज, आपकी आयु लम्बी है। मगर आपको अकेले जीना होगा। आपके सभी सगे–संबंधी और दोस्त आपसे पहले मर जाएंगे। आपकी महारानी भी आपसे पहले चल बसेंगी। इस प्रकार आप अकेले रह जाएंगे।''

इस बात से शान– शौकत में रहने वाले राजा को गुस्सा आ गया। '' सगे, संबंधी, दोस्त और महारानी के बिना अकेले जीना भी कोई जीना है। असंभव!''

उसने बिना कुछ सोचे–समझे ऐसी भविष्यवाणी करने वाले ज्योतिषी को बंदी बनाने का आदेश दे दिया। लेकिन इससे कुछ भी हासिल नहीं हुआ। उस ज्योतिषी की भविष्यवाणी ने उन्हें अवसादग्रस्त कर दिया और वे अनेक दिनों तक उसी अवसाद की चपेट में रहे।

इस पर मंत्री ने राजा से कहा, "महाराज, उदास मत होइए। आप सबसे पहले अपने दरबार के ज्यातिषी से पूछिए कि उस बजुर्ग ज्योतिषी ने जो कुछ कहा है, क्या उसमें तनिक भी सच्चाई है? इन्होंने तो कभी ऐसी भविष्यवाणी नहीं की है। यह बात सुनकर राजा को संतुष्टि मिली और उन्होंने अपनी दरबारी ज्योतिषी को उपस्थित होने का हुक्म दिया। मंत्री ने ज्योतिषी से पूरी बात बतायी।

दरबारी ज्योतिषी ने अपना ग्रंथ पलटा और अपने हिसाब से गणना की। इसके बाद उन्होंने कहा, "महाराज, ज्योतिषी को तनिक भी ज्ञान नहीं है। यदि ऐसा कुछ रहता तो उसका उल्लेख मैं आपसे काफी पहले किया रहता। मेरी भष्यिवाणी है कि .... "

इसके कुछ देर बात शान–शौकत से रहने वाला राजा मुस्कुराने लगा।

विचार–मंथन

1. दरबारी ज्योतिषी की भविष्यवाणी क्या थी?
2. उनकी बातों से राजा को प्रसन्नता क्यों हुई?

नीचे दिए गए जवाब को देखने से पहले विचार–मंथन आपको स्वयं इन प्रश्नों का जवाब सोचने के लिए प्रोत्साहित करता है।

जवाब

1. दरबारी ज्योतिषी ने कहा, "महाराज, आपके सगे–संबंधियों में से केवल आप ही को भगवान ने इतनी लम्बी आयु और स्वस्थ

जीवन दिया है। आप इन सबमें सबसे अधिक उम्र तक जीवित रहें और काफी समय तक राज करेंगे।''

2. राजा शान–शौकत में रहने वाला आदमी था। उन्हें सत्य में दिलचस्पी नहीं थी। उन्हें अपनी मन पसंद बातें ही सुनने में अच्छा लगता था। दरबारी ज्योतिष को राजा के मनोनुकूल तरीके से सत्य को प्रकट करने की कला आ गई थी। इससे राजा के दुखी मन को सुकून पहुँचा और वह प्रसन्न हो गए।

6
स्मार्ट कलाकार

एक समय की बात है। एक क्रूर राजा था। वह एक आँख से अंधा था। एक बार उसने अपने मंत्री से कहा कि उसकी इच्छा है कि उसकी एक खूबसूरत तस्वीर बनायी जाए। उसने अपने मंत्री से अपने राज्य के तीन सर्वश्रेष्ठ कलाकारों को ढूँढने के लिए कहा। मगर इन तीनों कलाकारों को बता दिया गया कि यदि राजा उसके तस्वीर को देखकर प्रसन्न हो जाएगा तो उसे पुरस्कार मिलेगा और यदि प्रसन्न नहीं हुआ तो उसकी खैर नहीं।

पहले कलाकार ने राजा की हू–ब–हू तस्वीर बना दी – जैसा वह था एक आँख से अंधा। इस कलाकार की हरकत को राजा ने अपना अपना समझा और उसे मृत्युदंड देने का आदेश दिया। दूसरे कलाकार ने दोनों आँख युक्त राजा की तस्वीर बनायी। राजा ने उसे चाटुकारिता के लिए दंडित किया।

अब तीसरे कलाकार की बारी थी। उसके बनाए चित्र से राजा प्रसन्न हो गया।

विचार–मंथन

1. तीसरे कलाकार ने राजा की तस्वीर कैसी बनायी?
2. इस कहानी का मूल तत्त्व क्या है?

नीचे दिए गए जवाब को देखने से पहले विचार–मंथन आपको स्वयं इन प्रश्नों का जवाब सोचने के लिए प्रोत्साहित करता है।

जवाब

1. तीसरे कलाकार ने राजा की तस्वीर इस तरह से तैयार की जिसमें उसकी सही आँखों को ही दिखाया गया।
2. रचनात्मकता एवं नवीनता के सहारे कठिन समस्याओं को सुलझाया जा सकता है।

7
रचनात्मकता

द्विवेदी जी साबुन के नामी ब्रांड शाइनी बनाने वाली कंपनी के मालिक थे। हालांकि उनके उत्पाद का काफी नाम था, मगर उन्हें बहुराष्ट्रीय कंपनियों और उनके उत्पादों के साथ बहुत ही कठिन प्रतिस्पर्द्धा का सामना करना पड़ रहा था।

शाइनी बाजार में अपनी पकड़ मजबूत करने का प्रयास करने लगा किंतु इसके सेल्समैन को अपने खुदरा व्यपारियों से कठिन समस्याओं का सामना करना पड़ रहा था। उनके अधिकांश खुदरा व्यापारी बहुराष्ट्रीय कंपनियों के उत्पाद बेचते थे और शाइनी पर ध्यान नहीं देते थे। वे लोग लम्बे समय तक उधार पर उनका सामान रखते थे और यदि सेल्समैन भुगतान करने पर जोर देते थे तो वे या तो अपना उत्पाद वापस लेने के लिए कहते थे अथवा बकाया राशि का एक हिस्सा ही भुगतान करते थे। इससे शाइनी की काफी राशि फँसी रहती थी और कंपनी के लिए चल पाना मुश्किल हो गया था।

ऐसे में द्विवेदी जी दो अभिनव रणनीति विकसित कि वह रणनीतियों के कारण शाइनी बहुराष्ट्रीय कंपनियों के सामने न केवल एक अग्रणी ब्रांड के रूप में स्थापित हो सका बल्कि बाजार में अपनी शर्तों पर काम करने की स्थिति में भी आ गया।

विचार–मंथन

1. दरबारी ज्योतिषी की भविष्यवाणी क्या थी?
2. उनकी बातों से राजा को प्रसन्नता क्यों हुई?

नीचे दिए गए जवाब को देखने से पहले विचार–मंथन आपको स्वयं इन प्रश्नों का जवाब सोचने के लिए प्रोत्साहित करता है।

जवाब

1. सबसे पहले, द्विवेदी जी ने अपने सेल्समैन से कहा कि वह या तो पूरा भुगतान लेकर आएं अथवा अपना सामान वापस ले लें ताकि खुदरा व्यापारियों के पास शाइनी ब्रांड का माल न बचें। एक बार ऐसा हो जाने पर उन लोगों ने पूरे एक माह तक व्यापक मीडिया प्रचार किया और बाजार में शाइनी की काफी मांग बढ़ा दी। एक ओर शाइनी की मांग बढ़ गई और दूसरी ओर आपूर्ति हो नहीं रही थी। खुदरा व्यापारी शाइनी ब्रांड के लिए हाथ धोकर पीछा पड़ गए और फिर उन्हें शाइनी की शर्तों को मानना पड़ा।

8
प्रतिभाशाली गायक

महाराज दिग्विजय सिंह के दरबार में एक अत्यंत प्रतिभाशाली गायक थे। उनका नाम मंदार था। मधुर आवाज और अनुपम गायन शैली के लिए उनकी ख्याति थी। उनकी ख्याति की चर्चा पड़ोसी राज्य के महाराज विश्वसिंह तक पहुँची। उन्होंने मंदार के गायन सुनने की इच्छा व्यक्त की।

महाराज विश्वसिंह का समारोह पूर्वक स्वागत किया गया। उन्हें मंच पर महाराज दिग्विजय सिंह के बराबर में आसन दिया गया जबकि मंदार का आसन दरबार के बीच में दिया गया जो इन दो महाराजाओं के आसन से नीचा था।

इसे मंदार ने अपना अपमान समझा। मंदार एक अक्खड़ इंसान था। उसने अपना आसन ग्रहण करने से इंकार कर दिया और महाराजाओं के लिए बने आसन पर बैठने एवं संगीत कार्यक्रम के समाप्त होने तक महाराजाओं को गायक के लिए तैयार स्थान पर बैठने के लिए कहा। इससे महाराज दिग्विजय को क्रोध आ गया और उन्होंने गायक की बात मानने से इंकार कर दिया। मंदार को भी गुस्सा आ गया और वह भी गुस्से में ही दरबार से वापस चला गया।

महाराज दिग्विजय सिंह मंदार के इस व्यवहार से बहुत नाराज हो गए लेकिन महाराज विश्वसिंह ने उनसे शांत रहने की अपील की। महाराज विश्वसिंह अपने साथ अपने दरबार के सर्वेश्रेष्ठ गायक को लाए थे। उन्होंने महाराज दिग्विजय सिंह को ऐसा उपाय बताया जिससे मंदार को वापस दरबार में लाया जा सके।

विचार–मंथन

1. महाराज विश्वसिंह का उपाय क्या था?
2. इस कहानी का मूल तत्त्व क्या है?

नीचे दिए गए जवाब को देखने से पहले विचार–मंथन आपको स्वयं इन प्रश्नों का जवाब सोचने के लिए प्रोत्साहित करता है।

जवाब

1. महाराज विश्वसिंह ने अपने दरबार के गायक को मंदार के स्थान पर गाने के लिए कहा। मंदार इस बात को बर्दाश्त नहीं कर सका और वापस दरबार में गाने के लिए आ गया। उसने दोनों महाराजाओं से कहा कि नया गायक अच्छा नहीं है। उसने कहा कि वह उन्हें सुनाएगा कि गायन क्या होता है। इसके बाद उसने अपने जीवन सर्वश्रेष्ठ प्रदर्शन किया।
2. व्यक्ति का स्वाभाव उसे एक खास तरह से व्यवहार करने पर विवश कर देता है। मंदार दिल से गायक था। महाराज विश्वसिंह को मालूम था कि मंदार अपने स्थान पर दूसरे गायक को गाते हुए बर्दाश्त नहीं कर सकता था। ऐसा होते देखकर वह वापस आ जाएगा।

9
चलनी में पानी भरना

एक प्रोफेसर अपने छात्रों के साथ रचनात्मक एवं नवीन विचारों के संबंध में चर्चा कर रहे थे। छात्रों ने कहा कवह इसके सिद्धांत पक्ष को समझ चुके हैं, मगर इस बात व्यवहारिक स्तर पर अजमाना चाहते हैं।

इसके बाद प्रोफेसर ने उन्हें एक चलनी दी। उन्होंने छात्रों को पास की नदी में जाकर उस चलनी में पानी भरने के लिए कहा। सभी छात्र उत्साहपूर्वक नदी तक गए। वे बहुत देर तक वापस नहीं आए। इसके बाद प्रोफेसर खुद चलकर वहाँ गए यह पता लगाने के लिए कि आखिर क्या हुआ।

उन्होंने देखा कि सभी छात्र नदी तट पर उदास बैठे हुए हैं। उन सबने कहा, ''सर, यह एक असंभव कार्य है। हमने हर प्रकार के रचनात्मक एवं अभिनव विचारों का इस्तेमाल किया मगर किसी भी उपाय से चलनी में पानी नहीं भरा जा सका।''

इसके बाद प्रोफेसर ने उनसे चलनी लेते हुए कहा, '' हूँ, अब मैं आप सबको दिखाता हूँ।''

विचार-मंथन

1. प्रोफेसर ने क्या किया?
2. इस कहानी का मूल तत्त्व क्या है?

नीचे दिए गए जवाब को देखने से पहले विचार–मंथन आपको स्वयं इन प्रश्नों का जवाब सोचने के लिए प्रोत्साहित करता है।

जवाब

1. प्रोफेसर ने उन सबसे चलनी लेकर उसे नदी में छोड़ दिया। चलनी डूब गई। उन्होंने कहा कि अब चलनी में पानी भरा हुआ है।
2. कई बार हमें समस्या के समाधान के लिए प्रचलित धारणा का त्याग करना पड़ता है। प्रोफेसर ने छात्रों से चलनी में पानी भरकर लाने के लिए नहीं कहा था। उन लोगों ने अपने आप ऐसा मान लिया। यह बात जानते हुए कि चलनी को पानी में छोड़ने से वह पानी में डूब जाएगा और स्वतः इसमें पानी भर जाएगा, उन्होंने संभावनाओं की तलाश नहीं की।

10

एकता से जीत, फूट से हार

पंछियों का एक झुंड आसमान में उड़ा जा रहा था। अचानक उन सबकी नजर नीचे बिखरे हुए अनाज पर पड़ी। वे नीचे उतर आए। कुछ देर तक दाना चुगने के बाद उन्हें पता चला कि वह मुसीबत में फँस गए हैं – एक शिकारी द्वारा बिछाए गए जाल में फँस गए हैं।

इस मुसीबत की घड़ी में घबराकर हर पंछी अपने–अपने तरीके से जाल से मुक्त होने का प्रयास करने लगा। उनमें से कुछ अपनी चोंच का इस्तेमाल करके जाल से निकलने का प्रयास करने लगे तो कुछ पंछियों ने अपनी पंखें फड़फड़ाकर निकलने का प्रयास करने लगा।

इस भ्रम की स्थिति में, एक ज्ञानी बूढ़ा पंछी कुछ भी नहीं कर रहा था। हताशा में युवा और परेशान पंछियों ने उनसे पूछा कि वह जाल से निकलने का प्रयास क्यों नहीं कर रहा है। अन्य पंछियों ने उस बूढ़े पंछी की ओर अचरज भरी नजर से देखा। तब उस बूढ़ा पंछी ने इसका कारण बताया।

विचार–मंथन

1. ज्ञानी बूढ़ा पंछी ने क्या कहा?
2. जाल से बाहर निकलने के लिए अंततः पंछियों ने क्या किया?

नीचे दिए गए जवाब को देखने से पहले विचार–मंथन आपको स्वयं इन प्रश्नों का जवाब सोचने के लिए प्रोत्साहित करता है।

जवाब

1. उस ज्ञानी बूढ़ा पंछी ने उन सबसे कहा कि यदि हर पंछी अलग–अलग प्रयास करेगा तो उन्हें सफलता नहीं मिलेगी क्योंकि जाल बड़ा है। यदि वे केवल अपनी ही चिंता करेंगे तो कोई भी आजाद नहीं हो पाएगा। यदि सब मिलकर एक साथ प्रयास करेंगे तो हर कोई बच जाएगा। उनके सामने जो समस्या थी उसे सब मिलजुलकर ही सुलझा सकते थे।

2. पंछियों ने उस बूढ़े पंछी की सलाह मान ली। सब मिलकर जाल को लेकर उड़ गए और सुदूर जंगल में पहुंच गए। वहाँ पहुँचने पर उस बूढ़े पंछी ने अपने एक चूहे दोस्त को सहायता के लिए पुकारा। उस चूहे ने अपने अन्य चूहे साथियों की मदद से जाल को काट दिया और सभी पंछियों को आजाद कर दिया।

11

भोज का विचित्र माहौल

यह कहानी महाभारत पर आधारित है। इसका संबंध कौरव और पांडव से है। नेत्रहीन राजा धृतराष्ट्र के सौ पुत्रों को कौरव कहा जाता था जबकि धृतराष्ट्र के छोटे भाई पांडु के पुत्रों को पांडव कहा जाता था। पांडव अपने पिता पांड, माता कुंति और माता माद्री के साथ वन में रहते थे। लेकिन पांडु और माद्री की मृत्यु के पश्चात् पांडव अपनी माता कुंति के साथ अपने चाचा धृतराष्ट्र के पास राजभवन में रहने के लिए आ गए।

कौरवों के चचेरे भाई होने के बावजूद पांडवों को कौरव बच्चे तंग किया करते थे। ज्ञानी एवं महान योद्धा भीष्म पांडवों एवं कौरवों के पितामह थे। उन्होंने यह सुनिश्चित करने का प्रयास किया कि धृतराष्ट्र के शासन में पांडवों का लालन–पालन ठीक तरह हो। उन्होंने कौरवों एवं पांडवों के बीच एकता स्थापित करने का भी प्रयास किया।

एक बार भीष्म ने 100 कौरवों और 5 पांडवों यानी 105 बालकों के लिए एक अद्‌भुत भोज के आयोजन की आज्ञा दी। इससे सभी बालक प्रसन्न थे। भोज के दिन उन्होंने सभी बालकों को अपने निर्धारित स्थान पर आसन ग्रहण करने के लिए कहा। पकवान परोसे जाने के बाद वे भोजन प्रारंभ कर सकते थे, मगर उन्हें एक नियम का पालन करना था। उन्हें अपनी केहुनी झुकाए बिना भोजन करना था।

यह सुनते ही सभी बालको अचरज होने लगा। यह कैसे संभव था? वे उपाय सोचने लगे मगर स्वादिष्ट पकवानों की खुशबू से उनका जी मचल रहा था। बहुत से बालकों ने पकवानों को ऊपर उछालकर उन्हें

मुँह में लेने का प्रयास करने लगे, किंतु उन्हें सफलता नहीं मिली। उनमें से कुछ जमीन पर लेटकर बिना हाथ का इस्तेमाल किए ही सीधे मुँह से भोजन करने का प्रयास किया किंतु उन्हें भी सफलता नहीं मिली। अंत में, भीष्म ने कहा कि यह कार्य असंभव है।

भीष्म ने युधिष्ठिर से पूछा कि उसके पास इस समस्या को सुलझाने का क्या उपाय है। युधिष्ठिर के पास इसका निदान था।

विचार–मंथन

1. युधिष्ठिर के पास समस्या को सुलझाने का क्या उपाय था?
2. दूसरे बालक समस्या को क्यों नहीं सुलझा पाए?
3. इस कहानी का मूल तत्त्व क्या है?

नीचे दिए गए जवाब को देखने से पहले विचार–मंथन आपको स्वयं इन प्रश्नों का जवाब सोचने के लिए प्रोत्साहित करता है।

जवाब

1. युधिष्ठिर ने समस्या के निदान के लिए टीमवर्क यानी मिलाजुल कर काम करने का प्रयास किया। उन्होंने पकवान का एक टुकड़ा उठाकर कौरवों में सबसे बड़े दुर्योधन के मुँह में बिना केहुनी झुकाए डाला। उन्होंने सबसे कहा कवह एक–दूसरे के मुँह में यदि खिलाएं तो बिना केहुनी झुकाए ही सभी बालक भोजन कर लेंगे। इसके लिए मिलजुलकर प्रयास यानी टीमवर्क की जरूरत थी।
2. अन्य सभी बालक केवल अपनी भूख मिटाने के लिए प्रयास कर रहे थे। इसलिए वे किसी निदान पर पहुँचने में कामयाब नहीं हो सके।

12

सर्वश्रेष्ठ छः

टीम की नौ विकेट गिर चुकी थी मगर दस ओवर का खेल अभी भी शेष था। चौथे पायदान पर खेलने के लिए आया हुआ कबीर एक अच्छे खिलाड़ी था और अभी भी डटकर मुकावला कर रहा था। उसके पार्टनर समीर एक महान बॉलर था और वह दसवें पायदान पर बैटिंग करने के लिए आया था। हर किसी को यकीन था कि कबीर अच्छा रन बनाएगा और मैच जीत लेगा किंतु उन्हें यह यकीन नहीं था कि समीर दस ओवर तक पिच पर टिक पाएगा।

कबीर जानता था कि समीर को चोट लगी हुई है। हालांकि समीर प्रयास कर रहा था मगर कबीर जानता था कि समीर के लिए दस ओवर का खेल खेलना कठिन था। समीर उसके पास आकर कहा, ''कबीर, हमें हर कीमत पर इस मैच को जीतना है। मैं अपनी ओर से पूरा प्रयास करूंगा। मैं एक महान बल्लेबाज नहीं हूँ, मगर मैं तुम्हें हर प्रकार से सहयोग करूंगा। हमें अपनी पूरी ताकत झोंककर इस मैच को जीतना है।''

कबीर को ऐसी हौसला अफजाई की सख्त जरूरत थी। उसने बॉलरों की धज्जियाँ उड़ा दीं। समीर दूसरी ओर टिका रहा। हालांकि वह थक चुका था मगर उसने इस बात को जाहिर नहीं होने दिया क्योंकि इसका असर पार्टनर के खेल पर पड़ सकता था।

मैच का अंतिम बॉल डाला जाना था। जीतने के लिए अभी भी तीन रन की जरूरत थी। कबीर जानता था कि उसे एक बांउडरी की जरूरत है।

समीर ने जोर से चिल्लाया, " कबीर, आखिर बार दाग दो।" जैसे ही बॉल कबीर के पास आया तो पक्का इरादा वाले इस खिलाड़ी ने उसे बांउडरी के पास पहुँचा कर छक्का लगा दिया।

चारों ओर शोर ही शोर। प्रशंसक उत्साह से चीख–चिल्ला रहे थे। सचमुच यह एक गजब की बल्लेबाजी थी। हार की कगार पर खड़ी टीम को इन्होंने जीत दिला दी।

टीम के खिलाड़ी दौड़ते हुए मैदान में आ गए और उन्होंने कबीर को अपने कंधे पर उठा लिया। मीडिया के लोगों ने कबीर को घेर लिया, उसके फोटो खिंचे जा रहे थे। वे लोग कबीर को अपनी ओर पोज देने, इंटरव्यू देने के लिए कह रहे थे। थका हुआ समीर कोच से डॉक्टर बुलाने के लिए कहा। वह बीमार हो गया। उसने पुरस्कार वितरण समारोह में भाग नहीं लिया।

कबीर को "मैन ऑफ दि मैच" पुरस्कार से पुरस्कृत किया गया और उपहार में उसे बी.एम.डब्ल्यू तथा ढेर सारे रूपए मिले। समीर को किसी ने याद नहीं रखा।

अगले दिन हॉस्पिटल की नर्स समीर के पास एक अखबार लेकर आयी। अखबार की सुर्खियों में था – "मैन ऑफ दि मैच कबीर ने अपनी टीम के साथी समीर को बी.एम.डब्ल्यू. उपहार में दिया।"

विचार–मंथन

1. कबीर ने समीर को बी.एम.डब्ल्यू. उपहार में क्यों दिया?
2. इस कहानी से हमे क्या शिक्षा मिलती है?

नीचे दिए गए जवाब को देखने से पहले विचार–मंथन आपको स्वयं इन प्रश्नों का जवाब सोचने के लिए प्रोत्साहित करता है।

जवाब

1. दूसरा कोई इस बात को महसूस करे अथवा नहीं मगर कबीर को मालूम था कि यदि समीर नहीं होता तो वे इस मैच को जीत नहीं सकते थे। यद्यपि अधिकांश रन कबीर ने बनाया और अंतिम छक्का भी लगाया लेकिन इसमें उसके दूसरे पार्टनर समीर की बड़ी भूमिका थी और जहाँ जरूरत हुई वहाँ समीर ने उसका उत्सावर्द्धन भी किया। समीर खुद जख्मी होने के बावजूद दूसरे बल्लेबाज के रूप में अपनी भूमिका को बखूबी निभाया। कबीर मैच जिताने में उसकी भूमिका का महत्त्व समझा और उसकी सराहना की। इसकी कारण से उसने पुरस्कार में समीर को हिस्सेदार बना लिया।

2. इस कहानी से हमें दो प्रमुख सीख मिलती हैं :

   i विषम परिस्थिति में उत्तम प्रदर्शन करना चाहिए जैसा कि समीर ने किया। वह एक उम्दा बॉलर था मगर परिस्थिति ने एक बल्लेबाज की भूमिका निभाने की मांग की तो वह यह सोचे बिना कि यह काम कितना कठिन, थकान भरा और वेदनापूर्ण हो सकता है, उसने अपना सर्वोत्तम प्रदर्शन किया।

   ii जब आप कुछ महान उपलब्धि करते हैं तो आप उसमें दूसरे के योगदान को नहीं भूलते हैं। आपके कार्य में लोगों की भूमिका आपकी तुलना में छोटी हो सकती है, मगर उन्हीं लोगों ने आधार तैयार किया जिस पर आप आज खड़े हैं।

13

मानव, प्रतिभाशाली कामगार

मानव एक परिश्रमी युवक था। वह एक छापाखाना में काम करता था। अपनी टीम एवं प्रबंधक के साथ उसका अच्छा व्यवहार था। एक बार उन्हें नए साल के प्रारंभ में डायरी तैयार करके देना था। इस काम को शीघ्र पूरा करना था, इसलिए उसकी पूरी टीम नियत समय से अधिक देर तक काम करती थी।

प्रोडक्शन का काम पूरा हो जाने पर टीम के प्रत्येक सदस्य ने डायरी को पैक किया और पूरा माल अगले दिन दोपहरबाद तक भेजे जाने के लिए तैयार था। ग्यारह बजे रात में मानव की टीम ने अपना काम पूरा कर लिया और वे अपने–अपने घर चले गए। मानव जब ऑफिस बंद कर रहा था उसी समय उसकी नजर अचानक टेबल पर पड़े लेबल के एक गुच्छे पर पड़ी। उसने महसूस किया कि डायरी को रैप करते समय उस पर लेबल लगाना वे लोग भूल गए।

उसने महसूस किया कि यह काम उसे उसी समय ही करना है। यदि सुबह से काम शुरू किया जाएगा तो पूरा नहीं हो पाएगा।

इसलिए वह बैठ गया और खुद काम करना प्रारंभ कर दिया। रात में साढ़े ग्यारह बजे सफारी सूट में एक आदमी उसके पास आया। उस आदमी ने मानव से पूछा कि वह क्या कर रहा है तो उसने उसका परिचय पूछा। उस व्यक्ति ने कहा कि वह इसी कंपनी की ऊपरी मंजिल पर काम करता है।

उस व्यक्ति ने मानव के काम पर ग़ौर किया और उसकी मदद के लिए वहाँ बैठ गया। उन दोनों ने रात 1 बजे काम खत्म कर लिया और उसके बाद वे घर चले गए।

माल भेजने के बाद अगले दिन एक चपरासी मानव के लिए कंपनी के प्रबंध निदेशक की ओर से एक लिफाफा लाया। उसमें 5000 रूपए का चैक था।

विचार–मंथन

1. कंपनी के प्रबंध निदेशक ने मानव के लिए 5000 रूपए का चैक क्यों भेजा?

नीचे दिए गए जवाब को देखने से पहले विचार–मंथन आपको स्वयं इस प्रश्न का जवाब सोचने के लिए प्रोत्साहित करता है।

जवाब

1. सफारी सूट में जो व्यक्ति थे, वे और कोई नहीं बल्कि उस कंपनी के प्रबंध निदेशक थे। उन्होंने मानव को बिना अन्य सदस्यों की सुबह तक प्रतीक्षा किए अथवा बिना उन्हें बुलाए अपनी टीम का काम स्वयं करते हुए देखा। प्रबंध निदेशक उन्हें पुरस्कृत करना चाहते थे, इसलिए उन्हें चैक दिया।

14

ज़िंदगी की छोटी–छोटी हुनर

जंगल का जीवन कठिन होता था। वहाँ पर जो सबसे दुरूस्त होता है उसी का अस्तित्व रहता है। उस जंगल में कोई भी प्राणी दुरूस्त नहीं रहा। उस साल हाड़ को कंपा देने वाली ठंड पड़ी और उसकी चपेट में अधिकांश प्राणी काल के गाल में चले गए।

ऐसी स्थिति में, साहियों का मुखिया बहुत परेशान था। अपने कुनबे के सभी साहियों के रक्षा की जिम्मेदारी उस पर थी। उसके दिमाग में एक तरकीब आयी। मुखिया साही ने सभी साहियों की सभा बुलायी और उनसे कहा कि खुद को गरम रखने के लिए सभी एक–दूसरे के साथ चिपक कर रहें।

सभी साही ठंड से गले जा रहे थे। सबने अपने मुखिया की बात मान ली। वे सभी इकट्ठे होकर एक–दूसरे से चिपक गए। कुछ समय बाद उन्हें लगा कि इस तरह से वे गरम रह सकते थे। उसके बाद वे सुकून से रहने लगे।

मगर कुछ समय बीतने पर वे फिर से बेचैन रहने लगे। इस बार समस्या यह थी कि उसके काँटे एक–दूसरे के शरीर में चुभने लगे। ऐसे में उनके लिए कए–दूसरे से चिपक कर रहना मुश्किल हो गया। वे सभी चलकर अपने मुखिया के पास आए और अपनी समस्या के बारे में उन्हें बताया।

इसे सुलझाने के लिए उनके मुखिया ने कहा.....

विचार–मंथन

1. मुखिया का जवाब क्या था?
2. इस कहानी का मूल तत्त्व क्या है?

नीचे दिए गए जवाब को देखने से पहले विचार–मंथन आपको स्वयं इन प्रश्नों का जवाब सोचने के लिए प्रोत्साहित करता है।

जवाब

1. तुम सब या तो आपस में चिपक कर एक दूसरे के काँटे की चुभन सहते हुए ठंड से बचो और जीवित रहो अथवा अलग–अलग रहकर ठंड से मर जाओ, निर्णय तुम्हारे ऊपर है।
2. जो हमारे सबसे निकट हैं उन्हीं में हमें नुकसान पहुँचाने की भी ताकत सबसे अधिक है। लेकिन वे ही संकट की घड़ी में हमारे प्राणों की रक्षा भी कर सकते हैं। अब उनके साथ रहते हुए उनके काँटों की चुभन झेलते हुए खुशी–खुशी जीवन व्यतीत करें अथवा अलग–थलग रहते हुए मुसीबतों का सामने खुद करें, यह निर्णय हमारे ऊपर है।

15
उचित निर्णय

वातावरण में संशय की स्थिति बनी हुई थी। महाराज धृतराष्ट्र किसे अपना युवराज नियुक्त करेंगे – अपने पुत्र दुर्योधन को अथवा अपने स्वर्गीय भाई पांडु के पुत्र युधिष्ठिर को? धृतराष्ट्र नेत्रहीन होने के कारण बड़े भाई होने के बावजूद राजा नहीं बन सके और उनके छोटे भाई पांडु को राजा बनाया गया। मगर बाद में जब पांडु ने सिंहासन का त्याग किया तो धृतराष्ट्र उनके प्रतिनिधि के रूप में सिंहासन पर बैठ गए। पांडु के असामयिक मृत्यु के बाद भी धृतराष्ट्र अपने आप सिंहासन पर बैठे रहे।

कुछ लोगों को लग रहा था कि शासन कार्य कर रहे राजा घृतराष्ट्र का ज्येष्ठ पुत्र होने के कारण उन्हें दुर्योधन को युवराज नियुक्त करना चाहिए। हालांकि युधिष्ठिर भूतपूर्व महाराज पांडु का ज्येष्ठ पुत्र थे और दुर्योधन का भी अग्रज। साथ ही वह धार्मिक स्वभाव के भी थे। युधिष्ठिर धर्म के प्रतीक थे। बहुत से लोग यह महसूस कर रहे थे कि युधिष्ठिर को युवराज बनाया जाना चाहिए क्योंकि वह एक धार्मिक राजा बनेंगे।

युवराज घोषित करने की तिथि आ गई। राजा का निर्णय सुनने के लिए लोग राज दरबार में जमा हो गए। उसी समय सुरक्षाकर्मियों ने दरबार में चार कैदियों को लाया। उनमें से एक सुरक्षाकर्मी ने कहा कि इन चारों को बंदी इसलिए बनाया गया है कि इन पर एक व्यक्ति की हत्या का आरोप है। महामंत्री विदुर ने इन चारों को दंड देने के लिए युधिष्ठिर एवं दुर्योधन दोनों को निर्णय करने का अवसर दिया। युवराज पद के लिए अपनी योग्यता सिद्ध करने का उनके सामने यह एक मौका था।

दुर्योधन अहंकारी था। उसने कहा कि वह महाराज धृतराष्ट्र का पुत्र है, इसलिए उसे पहले अवसर दिया जाना चाहिए। उसने अपना निर्णय सुनाया कि राज्य में प्रचलित विधान के अनुरूप किसी व्यक्ति की हत्या के आरोपी को मृत्युदंड दिए जाने प्रावधान है और इस मामले में भी यही होगा।

इससे दुर्योधन के समर्थकों का चेहरा खिल उठा। इसके बाद विदुर ने युधिष्ठिर को अवसर दिए जाने के लिए राजा से अनुरोध किया। महाराज धृतराष्ट्र स्पष्ट रूप से अपने पुत्र दुर्योधन को युवराज बनाए जाने के पक्ष में थे, इसलिए उन्होंने कहा कि भला युधिष्ठिर इससे अलग निर्णय क्या कर सकता है। फिर भी विदुर द्वारा दबाव डाले जाने पर युधिष्ठिर को निर्णय करने का अवसर दिया गया।

जब युधिष्ठिर ने उन सबकी जाति के बारे में पूछा तो सबको घोर आश्चर्य हुआ। ये चारों अपराधी चार अलग–अलग जातियों के थे – एक ब्राह्मण था, दूसरा क्षत्रिय, तीसरा वैश्य और चौथा शूद्र।

यधिष्ठिर ने शूद्र को चार साल, वैश्य को आठ साल और क्षत्रिय को सोलह साल के कैद की सजा सुनायी। राज्य के विधान के अनुसार ब्रह्मण को मृत्युदंड नहीं दी सकती थी, इसलिए ब्राह्मण के संबंध में निर्णय करने का दायित्व कुलगुरु पर दे दिया। युधिष्ठिर के निर्णय ने हर किसी को उलझन में डाल दिया। उनसे उनके निर्णय के पीछे निहित तर्क को स्पष्ट करने के लिए कहा गया।

युधिष्ठिर ने अपने तर्क को स्पष्ट किया और उन्हें युवराज घोषित किया गया।

विचार–मंथन

1. युधिष्ठिर के निर्णय के पीछे क्या तर्क था?
2. युधिष्ठिर धर्म–सम्मत निर्णय करने में सक्षम क्यों नहीं हो सके?

नीचे दिए गए जवाब को देखने से पहले विचार–मंथन आपको स्वयं इन प्रश्नों का जवाब सोचने के लिए प्रोत्साहित करता है।

जवाब

1. किसी शूद्र से धर्म के ज्ञान की अपेक्षा नहीं की जा सकती थी। इसलिए शूद्र को केवल चार साल कैद की सजा सुनायी गई। वैश्य से अपेक्षा की थी कि वह शूद्र से अधिक ज्ञानी होगा। इसलिए उसके अपराध को शूद्र से बड़ा माना गया। इसलिए उसे शूद्र से दुगुनी सजा दी गई और उसे आठ साल कैद की सजा दी गई। क्षत्रियों पर लोगों की सुरक्षा की जिम्मेदारी होती है, इसलिए उसका अपराध वैश्य से बड़ा था। इसलिए उसे वैश्य की तुलना में दुगुनी सजा दी गई यानी उसे सोलह साल कैद की सजा दी गई। ब्राह्मण को चारों वर्णों में सबसे अधिक विद्वान माना जाता था। अन्य की तुलना में उसके अपराध को बड़ा माना गया। इसलिए उसे सबसे अधिक सजा दी जानी थी जिसका निर्णय कुलगुरु पर छोड़ दिया गया।

2. दुर्योधन किसी न किसी युक्ति से राजा बनना चाहता था। न तो उसे धर्म का ज्ञान था और न ही प्रजा का धर्मपूर्वक पालन करने वाला राजा बनना चाहता था। इसलिए वह प्रचलित विधान से हटकर कुछ भी सोचने में सक्षम नहीं था।

16
हमें आप में विश्वास है

सागर का अपनी कंपनी में काफी महत्त्व था। कठिन परियोजनाओं को पूरा करने की क्षमता के कारण एक परिश्रमी कर्मचारी के रूप में उसकी ख्याति थी। उसमें कठोर निर्णय लेने, अच्छे लोगों में कार्य को पूरा करवाने का कौशल विकसित करने तथा परियोजनाओं की बारीकियों को समझने की क्षमता थी।

एक बार उस कंपनी एक प्रतिष्ठित किंतु चुनौतिपूर्ण निविदा भरा। सागर ने निविदा और इसे पूरा करने के लिए इसके महत्त्वपूर्ण पहलुओं को समझने का प्रयास किया। उसे पूरा विश्वास था कि वह परियोजना को उत्तम तरीके से पूरा करेगा।

उसकी कंपनी को वह परियोजना मिल गई। इस उपलक्ष्य में एक आयोजन रखा गया जिसमें सी.ई.ओ. को वक्तव्य देना था। कंपनी के अंदर सी.ई.ओ. एक लोकप्रिय व्यक्ति थे और कर्मचारियों के हितैषी के रूप में उनकी ख्याति थी।

इस घटनाक्रम से सागर भी बहुत खुश था और वह परियोजना पर काम प्रारंभ करने के बारे में सोच रहा था। इस समारोह से पहले बॉस ने सागर को बुलाकर समय परियोजना के बारे में जानकारी देने के लिए कहा। उन्होंने कहा, ''नौजवान, मुझे उम्मीद है कि तुम अपनी पाचन शक्ति से अधिक नहीं खाया है। यह तुम्हारे लिए आज तक की सर्वाधिक चुनौतिपूर्ण परियोजना है। और सी.ई.ओ. भी तुम पर नजर रखे हुए हैं। हमें उम्मीद है कि तुम कामयाब होगे।''

यह बात सुनकर सागर ने अचानक खुद पर शंका करने लगा। वह अंदर से सहम गया। क्या उसे आत्मविश्वास था? क्या वह वास्तव में

इस परियोजना को पूरा करने में सक्षम था? मगर अब वह इससे पीछे कैसे हटेगा? कंपनी ने इस परियोजना को हासिल की है और हर कोई जानता है कि वह इसे पूरा करने जा रहा है। अब वह क्या कर सकता है?

वह विचार करने लगा कि वह जाकर बता दे कि वह इस परियोजना पर काम नहीं करेगा और इसे किसी दूसरे को सुपुर्द कर दिया जाए। वह ऐसा सोच ही रहा था कि उसी समय समारोह में चलने के लिए उसके साथी, उसे बुलाने के लिए आ गए।

कुछ ही क्षण में सी.ई.ओ. आ गए। ऐसी प्रतिष्ठित परियोजना हासिल करने के लिए उन्होंने सागर की टीम को बधाई दी। उन्होंने आगे बताया कि इसे प्राप्त करना कितना चुनौतिपूर्ण था और कंपनी ने इस तरह की परियोजना इससे पहले कभी हासिल नहीं की थी। मगर सागर का अत्मविश्वास इतना अधिक डगमगाया कभी नहीं था। उसे लगा कि वह सी.ई.ओ. को बता दे कि वह इस परियोजना पर काम नहीं करने जा रहे हैं।

उसकी बाद सी.ई.ओ. ने कुछ ऐसा कहा जिससे सागर मुस्कुराने लगा। उसका आत्म विश्वास लौट आया और एक फिर से परियोजना पर काम करने के बारे में सोचने लगा।

विचार–मंथन

1. सी.ई.ओ. ने क्या ऐसा कहा जिससे सागर का आत्म विश्वास लौट आया?
2. इस कहानी का मूल तत्त्व क्या है?

नीचे दिए गए जवाब को देखने से पहले विचार–मंथन आपको स्वयं इन प्रश्नों का जवाब सोचने के लिए प्रोत्साहित करता है।

जवाब

1. सी.ई.ओ. ने कहा, "सागर, हमें आप पर विश्वास है। हम सभी आपके साथ हैं।"

2. सी.ई.ओ. एक महान नेतृत्वकर्ता थे। वे जानते थे कि एक महान निष्पादक को भी अपने वरिष्ठ अधिकारियों से उत्साहवर्द्धन की जरूरत होती है। हालांकि परियोजना की सफलता मुख्य रूप से सागर पर ही निर्भर थी, मगर सी.ई.ओ. का सागर में विश्वास जताना उसके आत्म विश्वास लौटाने में बहुत सहायक हुआ। बॉस के इसके विपरीत रवैये से सागर की क्षमता पर प्रश्न चिन्ह खड़ा होता।

17

चाणक्य – देश का सच्चा अधिकारी

प्राचीन भारत के इतिहास में चाणक्य की ख्याति एक महान दार्शनिक, रणनीतिकार और शिक्षक के रूप में थी। चाणक्य अर्थशास्त्र नामक ग्रंथ के लेखक थे। उन्होंने चन्द्रगुप्त मौर्य को सम्राट बनने में सहायता की थी। चन्द्रगुप्त के राजा बनने पर चाणक्य उनके महामंत्री बने।

एक दिन वह देर तक काम करते रहे। उस दौरान एक यात्री उनसे मिलने के लिए आया। चाणक्य व्यस्त थे और उन्होंने आगंतुक को काम पूरा होने के बाद मिलने के लिए कहा। आगंतुक उनकी प्रतीक्षा करते रहे और चाणक्य एक दीपक की रोशनी में काम करते रहे।

अपना काम पूरा करने के बाद उन्होंने उस दीपक को बुझा दिया। उसके बाद उन्होंने दूसरा दीपक जलाया और आगंतुक से बातचीत प्रारंभ की। आगंतुक को उनके व्यवहार से अचरज हो रहा था। उन्होंने चाणक्य से एक दीपक बुझाकर दूसरा जलाने का कारण पूछा।

विचार-मंथन

1. चाणक्य का उत्तर क्या था?
2. यह कहानी किस तरह का प्रभाव छोड़ती है?

नीचे दिए गए जवाब को देखने से पहले विचार–मंथन आपको स्वयं इन प्रश्नों का जवाब सोचने के लिए प्रोत्साहित करता है।

जवाब

1. चाणक्य ने उनसे कहा कि वह दीपक उन्हें राजकीय कार्य करने के लिए राज्य की ओर से दिया गया था। किसी अतिथि से मिलना उनका व्यक्तिगत कार्य था जिसके लिए राज्य के संसाधन का उपयोग करना अनुचित होता।

2. वर्तमान में व्यक्तिगत हित के लिए राष्ट्रीय संसाधनों का दुरूपयोग किया जाता है। चाणक्य ने अपनी स्पष्ट सोच और विवेक सम्मत व्यवहार से एक उत्कृष्ट उदाहरण प्रस्तुत किया।

18
रामकुमार कौन है?

रमण और राजेन्द्र एम.बी.ए. कॉलेज में सहपाठी थे। उन दोनों को एक कंपनी ने मैनेजमेंट ट्रेनी के रूप में चुना गया। एक साल तक काम करने के बाद, उनका मूल्यांकन किया गया और उनके काम के आधार पर उनकी पदोन्नति की गई।

उन दोनों ने साल भर लगातार काम किया। फिर उनके काम के मूल्यांकन का समय आ गया। उनमें से किसी एक को ही सहायक प्रबंधक (बिक्री) के पद पर पदोन्नत किया जा सकता था। इसके तहत उन्हें एक छोटी–सी टीम का नेतृत्व संभालते हुए प्रबंधक (बिक्री) को रिपोर्ट करना था।

चूँकि वे दोनों अन्य सब काम होशियार थे, इसलिए प्रबंधक (बिक्री) ने एक ऐसे व्यक्ति को सहायक प्रबंधक (बिक्री) नियुक्त करना चाहता था जिसमें नेतृत्व कौशल हो क्योंकि सहयक प्रबंधक (बिक्री) को एक छोटी–सी टीम का नेतृत्व करना था। उनके कॅरियर में यह एक महत्त्वपूर्ण कदम होता।

प्रबंधक (बिक्री) ने उन लोगों के लिए परीक्षा का एक प्रारूप तैयार किया। जो इस परीक्षा में उत्तीर्ण होता उसे सहायक प्रबंधक (बिक्री) के पद पर पदोन्त किया जाता। उन्होंने उन दोनों को अपने कक्ष में बुलाकर उनसे कहा, ''हमारे संगठन में रामकुमार नामक एक आदमी है। मैं चाहता हूँ कि तुम दोनों पता करो   कवह कौन है और क्या करता है। तुम्हारे पास उसे खोजने के लिए एक दिन का समय है।''

इससे रमण और राजेन्द्र – दोनों उत्साहित थे। राजेन्द्र ने एच.आर. विभाग से कर्मचारियों की सूची प्राप्त करने के लिए प्रयत्न किया जबकि रमण ने कुछ नहीं किया।

अगले दिन दोनों के पास जवाब थे। राजेन्द्र ने विश्वास के साथ प्रबंधक (बिक्री) से कहा कि वह संगठन में रामकुमार नामक कोई भी व्यक्ति नहीं है। उसने कहा कि उसने विभिन्न विभागों में कार्यरत सभी कर्मचारियों की सूचियों की गहन पड़ताल की है और उसे रामकुमार नामक कोई भी व्यक्ति नहीं मिला। उसके बाद प्रबंधक ने रमण से जवाब मांगा।

रमण ने कहा कि उसने रामकुमार को खोज लिया और उसे मिलाने के लिए यहाँ लाया है। हतप्रभ राजेन्द्र ने रामकुमार को ग़ौर से देखा – वही बजुर्ग व्यक्ति जो उन सबको हर रोज चाय देता था।

विचार–मंथन

1. रमण ने किस तरह रामकुमार को खोज लिया जबकि राजेन्द्र उसे ढूँढ नहीं पाया?
2. इस कहानी का मूल तत्त्व क्या है?

नीचे दिए गए जवाब को देखने से पहले विचार–मंथन आपको स्वयं इन प्रश्नों का जवाब सोचने के लिए प्रोत्साहित करता है।

जवाब

1. राजेन्द्र ने आसानी से यह मान लिया था कि रामकुमार उसी संगठन के किसी विभाग में काम करने वाले व्यक्ति का नाम है। इसकी वजह से उन्होंने अपने आसपास किसी पर ग़ौर नहीं किया और न ही यह समझा कि उस कार्यालय के किसी चपरासी के बारे में भी बात हो सकती है। इसलिए उनको

रामकुमार नहीं मिला। दूसरी ओर, प्रत्येक दिन के गप्प–शप्प के आधार पर रमण खुद रामकुमार को जानता था। उन्होंने यह नहीं माना कि उनके बॉस ने किसी चपरासी के बारे में नहीं कहकर किसी उच्च अधिकारी के बारे में कहा है।

2. नेतृत्वकर्ता के लिए महत्त्वपूर्ण है कि वह अपने लोगों से परिचित हों। चाहे कोई उच्च अधिकारी हो अथवा चपरासी, संगठन को आगे बढ़ाने में हर किसी का योगदान होता है। संगठन में किसी व्यक्ति के पद के बावजूद नेतृत्वकर्ता को सबको जानना चाहिए तथा सबका ध्यान रखना चाहिए। रमण में एक अच्छे नेतृत्वकर्ता के सारे गुण थे और उन्हें पदोन्नत किया गया।

19
उचित कार्य के लिए उचित व्यक्ति

सुकर्ण अनाथ था। उनका लालन–पालन गाँव के पुजारी ने किया। वह एक ईमानदार एवं परिश्रमी बालक के रूप में बड़ा हुआ। जब उसने अपनी शिक्षा पूरी कर ली तब पुजारी ने उससे कहा कि उसे अपने जीविकोपार्जन के लिए कुछ काम प्रारंभ करना चाहिए।

सुकर्ण गाँव के मंदिर में आने वाले दर्शनार्थियों के लिए वह फूल बेचने का काम करने लगा। पुजारी ने उसे फूल बेचने वाले एक संबंधी के पास इस व्यवसाय की कला सीखने के लिए भेजा। उस व्यक्ति ने सुकर्ण को फूलों का चयन करने, माला बनाने और फूलों को खूबसूरती के साथ रखने की कला सीखायी। उन्होंने सुकर्ण को मुरझाए हुए फूलों को ताजे फूलों के साथ रखने तथा माला में फूल बचाने हेतु फूलों के बीच जगह छोड़ने की कला सीखायी।

सुकर्ण वापस गाँव आकर अपना व्यवसाय प्रारंभ कर दिया। लेकिन शुरू से ही उसे व्यवसाय में घाटा होने लगा। हालांकि लोग उसके फूलों और मालाओं की खूबसूरती से काफी खुश थे लेकिन उसे अपने व्यवसाय में लाभ नहीं हो रहा था। जिन लोगों से वह फूल खरीदकर लाता था उनके साथ वह मोलजोल नहीं कर पाता था। वह व्यवसाय में चालाकी करने को अनैतिक मानता था और मुरझाए फूलों को ताजे फूलों के बीच रखने तथा माला में फूलों के बीच खाली जगह रखने को अनुचित मानता था। परिणाम यह हुआ कि उसे जल्द ही अपनी दुकान बंद करनी पड़ी।

इसके बाद उसने नाश्ता का सामान बेचना शुरू किया मगर यह काम भी वह ठीक से नहीं कर पा रहा था। लोग उसके पास इसलिए आते

थे कि उन्हें मालूम था कि वह ईमानदार है और अच्छे स्तर का माल ही बेचेगा। इसके बावजूद वह स्तरीय माल बेचते हुए लाभ अर्जित नहीं कर पाता था।

जल्द ही लोग उसे ईमानदार और परिश्रमी मगर अनुपयोगी मानने लगा। इससे पुजारी उदास रहने लगा। सुकर्ण खुद भी यह मानने लगा कवह किसी काम का नहीं है। पुजारी के दोस्त स्वामी का गाँव में सब्जी की दुकान थी और वह सुकर्ण के संघर्ष को बहुत ही बारीकि से देख रहा था।

एक दिन स्वामी सुकर्ण से मिलने उसके घर पर आए। उन्होंने उससे कहा कवह गाँव में दूसरी सब्जी की दुकान खोलने जा रहा है। उसे किसी आदमी की तलाश है जो उसकी इस नई दुकान को संभाल सके। उसने इस काम के लिए सुकर्ण को प्रस्ताव दिया। इससे पुजारी और सुकर्ण – दोनों को आश्चर्य हुआ।

पुजारी ने स्वामी से कहा कि दो व्यवसाय को बंद करने बाद सुकर्ण तो इस काम में लाभ दिलाने की दृष्टि से उचित व्यक्ति नहीं जान पड़ता है। स्वामी ने सिर्फ इतना कहा, " सुकर्ण तुम केवल दुकान को संभाल लो, लाभ की जिम्मेदारी मेरे पर छोड़ दो।"

यह फैसला सही निकला और इस कारोबार में वह सफल हो गया।

विचार-मंथन

1. स्वामी को कैसे मालूम था कि नई दुकान को चलाने में सुकर्ण सफल हो जाएगा?

नीचे दिए गए जवाब को देखने से पहले विचार–मंथन आपको स्वयं इस प्रश्न का जवाब सोचने के लिए प्रोत्साहित करता है।

जवाब

1. किसी व्यसाय को चलाने के लिए नेतृत्वकर्ता को चाहिए कि वह उचित काम के लिए उचित व्यक्ति की पहचान करे। स्वामी ने महसूस किया कि सुकर्ण में बस एक कमी है कि उसकी मनोवृत्ति व्यवसायिक नहीं है। उसकी मानसिकता एक अच्छे कर्मचारी की है। उसे जो काम बता दिया जाएगा उसे वह ईमानदारी एवं परिश्रम के साथ पूरा करेगा। साथ ही लोग यह मान चुके थे कि सुकर्ण से उन्हें सर्वोत्तम सामान मिलेगा। चूँक वह ईमानदार था, इसलिए स्वामी माल एवं पैसे की दृष्टि से उस पर भरोसा कर सकता था। स्वामी दुकान के लाभ पर ग़ौर करता था जबकि सुकर्ण दैनिक कार्य को निबटाता था। इस प्रकार, स्वामी ने उचित काम के लिए उचित व्यक्ति को चुना और उसे इसका लाभ मिला।

20
भारत एक परिवार

भारी भीड़ ने बस को रोक दी। लेकिन किसी में इतना साहस नहीं था कि वह बस से उतरकर रोकने का कारण पूछे। वाहन चालक और कंडक्टर दोनों बस एवं यात्रियों की सुरक्षा को लेकर चिंतित थे।

हर जगह साम्प्रदायिक दंगे हो रहे थी कल इस समाचार को सुनते ही कंडक्टर रहीम चिंतित हो गए थे। उसने राज्य परिवहन विभाग के प्रबंधन से भी बात की कि उस मार्ग पर गाड़ी नहीं भेजा जाए। लेकिन प्रबंधन ऐसा निर्णय खुद नहीं ले सकता था। उसे ऊपर से आदेष की जरूरत थी।

बस चालक शंभू ने स्टीयरिंग ह्वील के आगे जिन हिंदू देवी–देवताओं के चित्र लगाए थे उनको रहीम ग़ौर से देखने लगा। उसने दोनों धर्म के ईश्वर से प्रार्थना करने लगा कि वह उन सबको बचाएं।

विभिन्न प्रकार के हथियारों से लैस भीड़ ने बस को रोक तो ली थी किंतु अभी तक किसी प्रकार का नुकसान नहीं पहुँचायी गया था। रहीम को इस पर आश्चर्य हो रहा था। साफ था कि भीड़ के लोग अपने नेता के संकेत की प्रतीक्षा कर रहे थे। जैसे ही नेता वहाँ पर आए, तो भीड़ कार्रवाई करने पर उतारू हो गई। एक बहुत ही सख्त चेहरा वाला आदमी आया, जैसे कि उसका चेहरा जन्म से क्रूर हो।

सभी यात्री भगवान से प्रार्थना कर रहे थे। एक बूढ़े ने जोर से पूछा, ''क्या वे हम सबको मार देंगे?'' रहीम ने कहा, ''नहीं, हम क्या मदद कर सकते हैं।'' उसने कहा, '' जैसा मैं। कहता हूँ, वैसा करो।''

नेता ने बस के गेट पर जोर से धक्का देते हुए कहा चिल्लाया, ''दरवाजा खोलो।'' रहीम खुद आगे बढ़ा और दरवाजा खोल दिया। उसने रहीम के गले पर तलवार रखते हुए कहा, ''हिंदू और मुसलमान, अलग–अलग खड़े हो जाओ।'' कोई भी अपनी जगह से नहीं हिला। उसने गुस्सा से पागल होते हुए कहा, '' तुम लोग बहरे हो क्या?'' उसने फिर कहा, ''हिंदू और मुसलमान, अलग–अलग खेड़े हो जाओ।'' फिर भी कोई नहीं हिला। उसने फिर चिल्लाया, ''क्या तुमलोग चाहते हो कि हम तुम सबको मार दें।''

सबने एक स्वर में आवाज लगायी, ''हाँ।''

रहीम ने सभी यात्रियों के बदले बात की। नेता विल्लकुल सहम गया। कुछ मिनट के बाद बस अपनी राह पर फिर से चल पड़ी।

विचार–मंथन

1. रहीम ने नेता से क्या कहा?
2. नेता ने उन लोगों को क्यों जाने दिया?

नीचे दिए गए जवाब को देखने से पहले विचार–मंथन आपको स्वयं इन प्रश्नों का जवाब सोचने के लिए प्रोत्साहित करता है।

जवाब

1. रहीम ने कहा कि उन लोगों को हिंदू और मुसलमान के रूप में बाँटना कठिन है क्योंकि वे सभी एक विशाल परिवार के सदस्य हैं जिस भारत के नाम से जाना जाता है। इस परिवार का कोई एक धर्म नहीं है। रहीम ने उनसे कहा, ''यदि तुम एक हिंदू हो तो हमें मुसलमान मान लो और हम सबको मार दो। यदि तुम मुसलमान हो तो हम सबको हिंदू मान लो और मार दो। लेकिन तुम्हें हम सबको एक साथ मारना होगा।''

2. रहीम की बातों से उस नेता की आँखें खुल गईं। उसने देखा कि खुद को भारत परिवार का सदस्य मानने वाले ये सभी लोग एक–दूसरे के लिए जान देने के लिए तैयार हैं। उसने महसूस किया कि वह और उसके साथी भी इस विशाल परिवार के हिस्सा हैं। बस यात्रियों की धर्म निरपेक्ष भावना से उन्होंने दूसरे धर्म के लोगों की हत्या करने के विचार का त्याग कर दिया और बस को जाने दिया।

21

डरने का वक्त नहीं

निखिल हमेशा रोहन को 'सहमी बिल्ली' कहकर चिढ़ाता रहता था। रोहन कभी भी उसका विरोध नहीं करता था। उसे लगता था कि वह ऐसा ही है। वह अंधेरा, बादलों की गर्जना, बिजली की चमक, कुत्तों के भौंकने आदि से भयभीत रहता था। यहाँ तक कि किसी अजनबी से बात करने में भी डरता था। निखिल रोहन से पाँच साल बड़ा था। साथ ही निखिल साहसी और निडर था तथा लोगों के सामने स्वयं को बेझिझक होकर प्रस्तुत करता था। रोहन अपने बड़े भाई का बहुत बड़ा प्रशंसक था और कवह मन सोचता था कि काश, कभी वह भी अपने बड़े भाई की तरह साहसी बन जाता!

एक दिन शाम में वे दोनों अपने घर साइकल चलाकर जा रहे थे। सड़क पर कोई नहीं था। मगर सामने से एक स्कूटर आकर उनकी साइकल से टकरा गई। स्कूटर पर सवार आदमी बहुत ही डर गया और वहाँ से भाग गया। रोहन को काफी चोट लगी थी किंतु निखिल बेहोश हो गया। रोहन निखिल को होश में लाने की बहुत कोशिश की मगर उसे होश में नहीं ला सका। रोहन के महसूस किया कि यह वक़्त हार मानने का नहीं है। अंधेरा गहरा गया था और घर वहाँ से दूर था।

उसने निखिल को एक किनारे किया और साइकल लेकर तेज गति से किसी मदद मांगने के लिए निकल पड़ा। अचानक बारिश होने लगी और उसने देखा कि बिजली भी चमक रही है। उसने सोचा कि उसे तेजी से जाना चाहिए। उसने तेज साइकल चलाते हुए वहाँ तक आ गया जहाँ कुछ मकान थे। उसने लोगों से कि उसे काई डॉक्टर

मिल सकता है। संयोग की बात थी कि सड़क के किनारे एक कोठी में डॉक्टर रहते थे। उस कोठी के मुख्य द्वार पर एक बड़ा–सा कुत्ता था। रोहन ने निर्णय लिया कि कुत्ते के होते हुए भी वह अंदर जाएगा। बारिश में भींगने की वजह से वह ठिठुर रहा था, काँप रहा था। फिर भी अंदर गया। उसे लग रहा था कि कुत्ता उस पर झपटेगा मग रवह जंजीर से बंधा हुआ था। डॉक्टर अपनी कार में रोहन के साथ गया और निखिल को अस्पताल में भर्ती करवाया।

निखिल जब ठीक हो गया तो उसके माता–पिता ने उसे पूरी कहानी सुनायी। उसे आश्चर्य हुआ कि जिस भाई को वह 'सहमी बिल्ली' कहता था उसने परिस्थिति का सामना साहस के साथ किया और उसके बेहोश रहने के बावजूद उसने बारिश में भींगते हुए डॉक्टर को खोजा और बड़े कुत्ते के होते हुए भी कोठी के अंदर गया।

निखिल ने पूछा, "तुमने यह काम कैसे किया? क्या तुम्हें डर नहीं लगा?

विचार–मंथन

1. रोहन का जवाब क्या था?
2. उस दिन रोहन अचानक साहसी कैसे बन गया?

नीचे दिए गए जवाब को देखने से पहले विचार–मंथन आपको स्वयं इन प्रश्नों का जवाब सोचने के लिए प्रोत्साहित करता है।

जवाब

1. रोहन ने निखिल से कहा कि उसे लगा कि उसके प्रिय भाई को तुरंत मदद की जरूरत है और जिस किसी प्रकार से भी संभव हो उसे बचाने की जिम्मेदारी उस पर ही थी। उसके भाई की जिंदगी के आगे अंधेरा, बारिश, बिजली चमकेने, अजनबियों से

झिझक और कुत्ते, किसी भी प्रकार के अवरोध का कोई मायने नहीं था। उसे पास डरने के लिए समय नहीं था।

2. अपने भाई की जिंदगी को बचाने के लिए रोहन के लिए अपने मन से सभी प्रकार के डर एवं आशंकाओं को निकालना जरूरी था। इसका मतलब यह नहीं था कि वह कुत्ते को काबू में कर लेता, मगर डॉक्टर से संपर्क करने और निखिल को बचाने के लिए उसे यदि खतरों से खेलना पड़ता तब भी वह उसके लिए तैयार था।

22
बुजुर्ग महिला की मदद

राजेश डरा–सहमा रहता था। उसे बाहर अकेले जाने या फिर लम्बे सफर पर निकलने में डर लगता था। अनेक बार यह प्रवृत्ति ऐसा गंभीर रूप ले लेती थी कि वह नजदीक के सब्जी वाले के यहाँ भी जाने से कतराता था। हालांकि वह उन्नीस साल का हो चुका था कि वह इस उम्र के उन दूसरे बच्चों की तरह नहीं था जो घर से बाहर निकलकर अपने दोस्तों के साथ खेल–कूद करते थे।

उसका इलाज चल रहा था और वह इस समस्या को दूर करने के लिए भरसक प्रयास करता था। अनेक बार उसे सफलता भी मिलती थी मगर कई बार निराशा भी हाथ लगती थी। जब उपचार का सही असर नहीं होता था तब परेशान हो जाया करता था और उसका आत्म–विश्वास नष्ट हो जाया करता था। उसके दोस्त, सगे–संबंधी और चिकित्सक उसे इस समस्या को दूर करने में मदद कर रहे थे। मगर किसी के पास इस समस्या का स्थायी निदान नहीं था।

एक दिन उसकी माँ ने उसे रेलवे स्टेशन जाकर टिकट बुक करने के लिए कहा। बहुत मनाने के बाद वह जाने के लिए तैयार हुआ। रास्ते में उसने देखा कि एक बुजुर्ग महिला के आस पास बहुत–से लोग इकट्ठे हैं। उसे एक कार ने ठोकर मार दी थी और काफी खून बह रहा था। उसने उस बुजुर्ग महिला को ग़ौर से देखा और पाया   कवह पड़ोस में रहने वाली बुजुर्ग दादी थी। उसका एक मात्र बेटा जो था वह दूसरे शहर में रहता था। भीड़ में कोई भी उस बुजुर्ग महिला को जानता नहीं था।

राजेश ने फुर्ती दिखायी। उसने उसे नजदीक के अस्पताल में ले गया जहाँ पर डाक्टर ने कहा कि उस महिला को खून की जरूरत है। राजेश ने सभी आवश्यक सामग्री की व्यवस्था की, उसके बेटे को फोन किया , उसके लिए पैसे का इंतजाम किया और दवा खरीदी। वह तब तक वहाँ रहा जब तक उसे माता–पिता वहाँ नहीं पहुँच गए।

बुजुर्ग महिला ठीक होकर अपने घर चली गई तो राजेश की माँ ने राजेश से पूछा कि वह एक टिकट कटाने के लिए बाहर जाने से कतरा रहा था किंतु उस बुजुर्ग दादी के लिए ये सब अपने आप कैसे किया।

विचार–मंथन

1. राजेश का जवाब क्या था?

नीचे दिए गए जवाब को देखने से पहले विचार–मंथन आपको स्वयं इस प्रश्न का जवाब सोचने के लिए प्रोत्साहित करता है।

जवाब

1. राजेश ने जवाब दिया कि उसे लगा कि उस बूढ़ी दादी को तुरंत अस्पताल में भर्ती नहीं कराया जाता तो उनका बचना मुश्किल था और उस समय उन्हें मदद करने के लिए दूसरा कोई नहीं था। इसलिए यह प्रश्न तो तत्काल था ही नहीं कि वह इस काम को कर सकता है अथवा नहीं। उसे यह काम करना ही था। जैसे ही उसके मन में यह बात बैठ गई वैसे ही उसके अंदर डर के लिए कोई स्थान रहा ही नहीं।

23

राजसी सत्कार

अपने भारत विजय अभियान के दौरान सिकंदर महान का महाराज पोरस के साथ भयंकर युद्ध हुआ था। पोरस एक महान भारतीय राजा थे जो यह जानते हुए की स्थिति उनके विपरीत है तब भी सिकंदर के विरोध करने का निर्णय लिया। उस समय कोई भी राजा पोरस का समर्थन करने के लिए तैयार नहीं थे।

इस सबके बावजूद पोरस ने सिकंदर का विरोध किया और युद्ध में उसे कठिन चुनौती दी। युद्ध में पोरस के अधिकांश सैनिक और पुत्र मारे गए। अंततः उन्हें बंदी बना लिया गया और सिकंदर के सामने लाया गया।

सिकंदर ने पोरस के बारे में बहुत कुछ सुन रखा था और जानता था कि वह एक बहादुर एवं साहसी राजा हैं। अपनी पराजय के बावजूद पोरस सिकंदर के सामने पूर्ण आत्म–विश्वास एवं स्वाभिमान के साथ एक राजा की तरह खड़े थे।

उसके बाद सिकंदर ने उनसे प्रश्न पूछा, " पोरस, मुझे आपके साथ कैसा व्यवहार करना चाहिए?

विचार–मंथन

1. पोरस ने उन्हें क्या जवाब दिया?
2. उनके जवाब का सिकंदर पर क्या प्रभाव था?

नीचे दिए गए जवाब को देखने से पहले विचार–मंथन आपको स्वयं इन प्रश्नों का जवाब सोचने के लिए प्रोत्साहित करता है।

जवाब

1. वीर महाराज पोरस ने जवाब दिया कि आप मेरे साथ वैसा ही व्यवहार कीजिए जैसा एक राजा के साथ किया जाना चाहिए।
2. सिकंदर पोरस के इस जवाब और साहस से प्रभावित हो गए। उनकी इच्छा के अनुरूप सिकंदर ने उनके साथ एक राजा की तरह व्यवहार किया। अपनी हार के बावजूद पोरस का राजा बचा रहा मगर उन्होंने सिकंदर के साथ संधि कर ली।

24
हिरकानी

यह शिवाजी महाराज के शासन काल में हिरकानी नामक एक साहसी ग्वालन की कहानी है। प्रत्येक दिन वह चढ़ाई चढ़कर शिवाजी महाराज द्वारा ऊँचाई पर निर्मित किले के मार्ग से जाकर दूध पहुँचाती थी और शाम में अपने छोटे बच्चे के पास वापस आती थी।

शिवाजी महाराज का सख्त आदेश था कि सुरक्षा कारण से शाम में किले का द्वार बंद कर दिया जाए और उसके बाद किसी को अंदर जाने एवं बाहर आने की अनुमति नहीं थी। सैनिक इन आदेशों का सख्ती से पालन करते थे।

एक शाम की बात है। दूध बेचने के बाद हिरकानी को किले के द्वार तक पहुंचने में थोड़ी देर हो गई। तब तक किले का द्वार बंद हो चुका था। नियम के मुताबिक द्वारपालों ने उसे बाहर जाने की अनुमति नहीं दी। उसने उन लोगों से याचना की कि उसे जाने दें क्योंकि घर पर उसका छोटा बच्चा है जो रात में अकेले नहीं रह सकता है। मगर द्वारपालों ने उसकी बातों पर ध्यान नहीं दिया। उनलोगों ने हिरकानी से कहा कि किले का द्वार रातभर बंद रहेगा और वह अगले दिन घर जा सकेगी।

हिरकानी जानती थी कि उसका बच्चा उसके बिना घर पर अकेले नहीं रह पाएगा। उसे किसी भी हालत में घर पहुंचना ही होगा। तब उसे एक दूसरे रास्ते की याद आयी जो प्रेक्षण मीनार के निकट था। हालांकि प्रेक्षण मीनार के पास कोई नहीं था क्योंकि अनुभवी सैनिकों के लिए भी उस मार्ग से होकर गुजरना असंभव था। इसलिए उसने इसी मार्ग से नीचे जाने का फैसला किया।

उसके सामने कठिन चुनौतियां थीं। अंधेरा हो चुका था। उस रास्ते का उपयोग बहुत ही खतरनाक माना जाता था और उस पर वह ठहरी एक ग्वालन। एक कार्य असंभव जैसा था।

मगर हिरकानी से साहस से काम लिया। वह जानती थी कि उसे इसी मार्ग से नीचे उतरकर अपने बच्चे के पास तक जाना है। उसने अपना मन बना लिया। वह साहसपूर्वक सभी चुनौतियों का सामना करते हुए घर पहुंच गई।

विचार–मंथन

1. जिस मार्ग से प्रशिक्षित सैनिकों के लिए भी नीचे उतरना कठिन था उस मार्ग से हिरकानी कैसे नीचे उतरी?
2. उसके साहसपूर्ण कार्य के बारे में सुनकर शिवाजी महाराज की क्या प्रतिक्रिया हुई?

नीचे दिए गए जवाब को देखने से पहले विचार–मंथन आपको स्वयं इन प्रश्नों का जवाब सोचने के लिए प्रोत्साहित करता है।

जवाब

1. जब हमारे किसी प्रियजन पर संकट के बादल मंडराते हैं तो उसे दूर करने के लिए हमारे अंदर अद्भुत साहस प्रदर्शित करने की क्षमता होती है। हिरकानी के साथ भी ऐसा ही हुआ। उसने महसूस किया कि सुरक्षा प्रहरी उसे बाहर नहीं जाने देंगे और उसका बेटा अकेले रह जाएगा। अपने बेटे तक पहुंचने के दृढ़ निश्चय के आगे उसने हर प्रकार की कठिनाइयों को नजरअंदाज़ किया – मार्ग की कठिनाई, नीचे उतरने का प्रशिक्षण न होना, अंधेरा और अन्य सभी प्रकार के खतरे।

2. शिवाजी महाराज ने सुरक्षाकर्मियों को एक माँ को अपने बेटे से न मिलने देने के लिए फटकार लगायी। उन्होंने हिरकानी को उसकी बहादुरी के लिए पुरस्कृत भी किया। जिस बुर्ज से होकर हिरकानी नीचे उतरी उस बुर्ज का नाम हिरकानी के सम्मान में हिरकानी बुर्ज रखा गया और आज भी उस बुर्ज को इसी नाम से जाना जाता है। मराठी भाषा में 'हिरकानी' शब्द का अर्थ होता है ऐसी माँ जो अपनी संतान के लिए अद्‌भुत पराक्रम कर सकती है।

25
हम क्यों नहीं?

रमानी का पति एक सैनिक था। ड्यूटी करते समय उनकी मौत हो गई थी। उसका बेटा उस साल किशोरावस्था में प्रवेश किया।

अनेक साल बीत जाने के बाद रमानी तथा उसके बेटे ने शोक से मुक्ति पायी। जब बच्चे के कॅरियर चुनने का समय आया तो उसने कहा कि वह सेना में भर्ती होगा और अपने पिता की तरह अपना जीवन देश की सेवा में समर्पित करेगा।

रमानी गुस्से से भर गई। " यह क्या! क्या मैंने तुम्हारे पिता के जाने के बाद इतने वर्षों तक संघर्ष इसीलिए किया कि तुम्हारे मुँह से यह सुनूँ कि तुम सेना में भर्ती हो रहे हो? तुम लम्बे समय तक मेरे से दूर रहोगे, यह मैं बर्दाश्त नहीं कर सकती।"

उसके सास–ससुर ने उसे मनाने की कोशिश की कि लड़के को अपनी पसंद का कॅरियर चुनने दो मगर किसी की भी बात का रमानी पर असर नहीं पड़ा। "इतने वर्षों तक मुझे अपने पति के बिना अकेले जीना पड़ा था। अब आप लोग क्या सोचते हैं कि मुझे बेअे की चिन्ता में जीवन गुजारना पड़े?' उसने पूछा।

इस पर उसकी सास ने कहा, " हमने भी तो अपना बेटा खोया है।"

"मेरे कहने का मतलब यह है कि अब मैं अपना बेटा नहीं खोना चाहती। माफ करना बेटे, तुम्हारे पिता को खोने के बाद अब मैं महीनों तुम्हारे बिना चिंतित रहकर जीवन नहीं गुजार सकती। अब मेरे में इतना साहस नहीं बचा है कि तुम्हें खो सकूँ।"

उसके बेटे ने जो जवाब दिया उससे वह अचंभित रह गई।

विचार–मंथन

1. उसके बेटे ने क्या जवाब दिया?

नीचे दिए गए जवाब को देखने से पहले विचार–मंथन आपको स्वयं इस प्रश्न का जवाब सोचने के लिए प्रोत्साहित करता है।

जवाब

1. उसने कहा, " माँ, यदि बुरे विचार के लोगों को बुरे काम करने के लिए साहस हो सकता है तो अच्छे कार्य के लिए अपना जीवन समर्पित करने का साहस हम में क्यों नहीं हो सकता?

26
बहादुर सैनिक

यह कहानी गोरखा बटालियन के एक सैनिक की है जिसका नाम विष्णु श्रेष्ठ था। सेवानिवृति के बाद वह रेलगाड़ी से नेपाल स्थित अपना घर जा रहा था। रात के घने अंधेरे में 40 हथियारबंद बदमाश लूटने के मकसद से रेलगाड़ी में घुस आए। उन्होंने यात्रियों का सामान लूटा और 18 साल की लड़की से बदसलूकी करने का प्रयास किया।

इस पर विष्णु ने हस्तक्षेप किया। अपनी खुखरी का इस्तेमाल करते हुए उन्होंने लुटेरों का बहादुरी से मुकाबला किया और उनमें से तीन को मार गिराया एवं अनेक को घायल कर दिया। इसे देखकर अन्य लुटेरे अपनी जान बचाने के लिए भाग खड़े हुए। विष्णु का बायां हाथ काफी जख्मी हो गया। उस लड़की के पिता ने पर्याप्त धन राशि देकर विष्णु को सम्मानित करना चाहा।

लेकिन उन्होंने यह कहते हुए इंकार कर दिया.........

विचार–मंथन

1. विष्णु ने क्या कहा?

नीचे दिए गए जवाब को देखने से पहले विचार–मंथन आपको स्वयं इस प्रश्न का जवाब सोचने के लिए प्रोत्साहित करता है।

जवाब

1. एक सैनिक होने के कारण दुश्मन का मुकाबला करना मेरा कर्तव्य है। एक मानव होने के कारण ठगों को सबक सीखाना मेरा कर्तव्य है।

27
ज्ञान की शक्ति

एक समय की बात है। स्वरूपा नाम की एक लड़की थी। उसका जन्म एक मध्यवर्गीय परिवार में हुआ था। स्वरूपा अत्यंत विदुषी एवं प्रतिभाशाली थी। उसकी पढ़ाई पूरी होने के बाद उसके माता–पिता ने उसके लिए एक योग्य वर की तलाश प्रारंभ कर दी।

उसके लिए जो रिश्ते आते थे उसमें से अधिकांश में लड़के उसके जैसे प्रतिभाशाली एवं पढ़े–लिखे नहीं थे। इसी वजह से उनमें से अधिकांश ने उसके प्रस्ताव को ठुकरा दिया। इससे स्वरूपा के माता–पिता दुखी रहने लगे। उसके दादाजी ने ज्योतिष की सलाह ली। ज्योतिष ने कहा कि स्वरूपा की कुंडली में शुभ संयोग मौजूद है। उसका विवाह एक योग्य वर के साथ शीघ्र होगा और वह अपने पति के साथ अनेक देशों की यात्रा करेंगी।

इसके तुरंत बाद उसके पास विवाह के दो प्रस्ताव आए। एक प्रस्ताव किसी राजा दरबार में रहे व्यक्ति के घर से आया। उसके पुत्र की ख्याति एक बहादुर व्यक्ति के रूप में थी और राज दरबार में उसका भी प्रभाव था। दूसरा लड़का विद्वान था और शिक्षकों के परिवार से था। हालांकि वे लोग राज दरबार से जुड़े हुए नहीं थे किंतु अपने ज्ञान के कारण उनका काफी नाम था और उनके सुविचार एवं परामर्श के लिए उनका बहुत अधिक सम्मान था।

दोनों परिवारों ने स्वरूपा को देखने की व्यवस्था की और दोनों उससे विवाह के इच्छुक थे। स्वरूपा ने भी विचार किया कि हर दृष्टि से दोनों लड़के योग्य हैं। अब उसके पिता चिंतित हो गए। स्वरूपा के पिता ने स्वरूपा के दादा से पूछा, " स्वरूपा के लिए कौन–सा लड़का

योग्य होगा।" दादाजी ने कहा कि स्वरूपा का विवाह विद्वान लड़के से किया जाए।

विचार–मंथन

1. दादाजी ने राजदरबार के वीर युवक के स्थान में विद्वान वर को क्यों चुना?

नीचे दिए गए जवाब को देखने से पहले विचार–मंथन आपको स्वयं इस प्रश्न का जवाब सोचने के लिए प्रोत्साहित करता है।

जवाब

1. उसके दादाजी जानते थे कि स्वरूपा अपने पति के साथ विभिन्न देशों की यात्रा करेगी। उन्होंने दरबारी लड़के की तुलना में विद्वान लड़के का चयन इसलिए किया कि विद्वान व्यक्ति जहां भी जाते हैं, वहां पर उन्हें सम्मान मिलता है और उनका प्रभाव कायम हो जाता है जबकि दरबारी को उसी राज्य में सम्मान मिलता है तथा उसी में उसका प्रभाव रहता है जिस राज्य की सेवा में वह रहता है।

28

जीवन की वास्तविकता

श्रुति का बेटा सिद्धार्थ शहर में काम करता था और वहीं रहता था जबकि परिवार के अन्य लोग गाँव में रहते थे। हाल ही में श्रुति ने अपने शुभचिंतकों के माध्यम से सिद्धार्थ के बारे में विभिन्न प्रकार की बातें सुनी थीं। देर रात पार्टी, विचित्र दोस्तों की संगत और हर उस तरह के काम करके स्वयं खुशनसीब मान रहा था जिसे एक माँ अपने बेटे के लिए नापसंद करती।

श्रुति ने अपने भाई राम से सलाह की कि वह अपने बेटे को लेकर चिंतित है। राम एक बुद्धिमान व्यक्ति था। उसने शहर जाकर हकीकत का पता लगाने का निर्णय लिया कि श्रुति ने जो कुछ सुना था उसमें सच्चाई है अथवा नहीं। जब वह शहर पहुंचे तो सिद्धार्थ देखकर हैरत में पड़ गए। हालांकि उसने राम का स्वागत किया। राम ने उससे कहा कि उस दिन वह उसके पास रूकेगा। उसने सिद्धार्थ के कमरे का मुआयना किया और पाया कि उसकी बहन की आशंका सच है।

उन्होंने खाना खाया, बातचीत की और सो गए। अगले दिन जब राम विदा होने लगे तो उन्होंने सिद्धार्थ से कहा, ''क्या तुम जूते की फीता बांधने में मेरी मदद करोगे? सिद्धार्थ सिद्धार्थ को अचरज हुआ लेकिन उसने फीता लगाने में अपने मामा की मदद की। राम को सुकून मिला और उसने कहा.......

विचार-मंथन

1. राम ने क्या कहा?
2. उसकी बातों का सिद्धार्थ पर क्या प्रभाव पड़ा?

नीचे दिए गए जवाब को देखने से पहले विचार-मंथन आपको स्वयं इन प्रश्नों का जवाब सोचने के लिए प्रोत्साहित करता है।

जवाब

1. राम ने कहा, "धन्यवाद बेटे। समय के साथ लोग कमजोर होते चले जाते हैं। अपना ध्यान रखना।"
2. उसकी बातों से सिद्धार्थ को लगा कि उस पर कोई पहाड़ टूट पड़ा हो। उसने महसूस किया कि जीवन की वास्तविकता यह है कि हर दिन इंसान बूढ़ा होता जाता है। वह समझ गया कि जीवन का समझने के बजाय वह अपने कार्यों से जीवन को नष्ट करते जा रहा है।

29

परेशान मन को सुकून

एक बार बुद्ध और उनके शिष्यगण एक झील के किनारे विश्राम करने के लिए रूके। बुद्ध को प्यास लगी थी। उन्होंने अपने एक शिष्य को जल लाने के लिए कहा। शिष्य झील तक गए। वहाँ पर उन्होंने देखा कि झील में कुछ लोग कपड़े धो रहे थे, कुछ लोग अपने जानवरों को नहला रहे थे और एक आदमी अपनी बैलगाड़ी को झील पार करा रहा था। इस कारण से झील का पानी बहुत ही मटमैला हो गया था। वह शिष्य लौटकर बुद्ध के पास आ गया और उनसे कहा कि इस झील का पानी पीने लायक नहीं है।

लगभग आधे घंटे के बाद उसी शिष्य को बुद्ध ने दुबारा झील से पानी लाने के लिए भेजा। वह फिर वापस आया और कहा कि पानी इतना अधिक मटमैला है कि इसे पीया नहीं जा सकता।

कुछ समय के बाद उसी शिष्य को झील से पानी लाने के लिए भेजा। इस बार पानी साफ हो गया था और स्वच्छ दिख रहा था। शिष्य ने बुद्ध के लिए जल लाया।

बुद्ध ने अपने उस शिष्य से पूछा, " पानी को साफ करने के लिए तुमने क्या किया?"

शिष्य ने जवाब दिया, "मैंने कुछ नहीं किया। मैंने सिर्फ प्रतीक्षा की और यह अपने आप साफ हो गया।"

विचार-मंथन

1. इस कहानी से क्या सीख मिलती है?

नीचे दिए गए जवाब को देखने से पहले विचार-मंथन आपको स्वयं इस प्रश्न का जवाब सोचने के लिए प्रोत्साहित करता है।

जवाब

1. जैसे पानी में मिले हुए कीचड़ को छोड़ देने से वह अपने आप शांत होकर तलहटी में बैठ जाता है उसी तरह मन जब बहुत अशांत हो जाता है तो अपने आप स्वाभाविक रूप से शांत हो जाता है यदि उसे छोड़ दिया जाए। प्रतीक्षा करना ही सर्वोत्तम समाधान है।

30

छोटे की ताकत

एक गुच्छे की सभी सेफ्टी पिनें आपस में बातचीत कर रही थीं। इसमें से जो सबसे बड़ी थीं उसने अपनी बात सबसे पहले सुनायी। " जैसे ही मैं उस महिला के कंधे पर चढ़ी और उसकी साड़ी से टाँक दी गई तो मुझे एक अद्‌भुत पार्टी का नजारा देखने को मिला। उस पार्टी में बहुत–से पकवान, पेय पदार्थ, संगीत और मनोरंजन की व्यवस्था थी ....." वह उस पार्टी के बखान में लगी रहीं। एक दुबली–पतली किंतु सजी–धजी सेफ्टी पिन का भी अपना गर्मजोशी से भरा अनुभव था। उसने कहा, " मेरे अनुभव भी बहुत दिलचस्प हैं। मैं केवल एक सेफ्टी पिन नहीं हूँ बल्कि मैं एक सज्जा–सम्मान में प्रयोग किया जाने वाला ब्रूच हूँ। लोग मुझे बहुत ही उच्च स्तरीय अवसरों और उत्तम रेशमी साड़ियों में उपयोग करते हैं। देखो, तुमलोगों की तरह नहीं, बल्कि लोग प्लास्टिक को भी बांधने में मेरा इस्तेमाल करते हैं।

हर सेफ्टी पिन अपने–अपने अनुभवों को बयाँ कर रही थी। एक कमसीन छोटी पिन इन सब बातों से बहुत ही उलझन में पड़ गई और निराश भी हो गई। उसे तो ऐसा कुछ अनुभव भी नहीं था। उसे तो उसकी मम्मी के साथ उस घर के मालकिन को दे दिया गया था। इस तरह से वह अपने भाई–बहनों से बिछुड़ गई। अब वह अपने भाई–बहनों से बिछुड़कर बॉक्स में पड़े–पड़े बोर हो गई थी। साथ ही, दूसरों के अनुभव बहुत ही मजेदार थे जबकि उसके पास कुछ भी अनुभव नहीं था। क्या तुम्हारे पास कोई भी निजी अनुभव नहीं है? जोशीली सेफ्टी पिन ने छोटी पिन से पूछा। छोटी पिन ने जवाब दिया, "मैंने कभी–भी बाहर की दुनिया नहीं देखी।

इस पर जोशीली पिन ने कहा, '' वाकई, तुम जैसी छोटी पिन की किसी को क्या जरूरत हो सकती है? तुम्हें अनुभव प्राप्त करने की संभावना भी नहीं नजर आती।''

इस बात को सुनते ही छोटी पिन उदासी के गर्त में चली गई। एक ज्ञानी बुजुर्ग पिन ने उसकी उदासी को महसूस करते हुए उससे कहा, ''कभी डरो मत। तुम्हारा भी समय आएगा। हम में से प्रत्येक का अलग–अलग तरीके से इस्तेमाल किया जाता है। '' बुजुर्ग पिन के समझाने के बाद भी छोटी पिन उदास थी। उसे यकीन नहीं हो रहा था कि उसका भी इस्तेमाल कोई कर पाएगा।

एक दिन उस घर में पार्टी का आयोजन किया गया। सभी सेफ्टी पिन बहुत खुश थी कि उन्हें आज बक्से से बाहर निकलने में मदद मिलेगी। हालांकि पार्टी का ड्रेस कोड पश्चिमी औपचारिक ड्रेस था जिसमें पिन की जरूरत नहीं थी। सभी सेफ्टी पिन उदास होकर बैठी हुई थी कि उसी समय घर की मालकिन आ गई और उन्होंने अपने एक दोस्त से कहा, ''जल्द करो, मेयर साहब के चश्मे में एक पिन की जरूरत है। उससे एक पेंच गिर गया है और मेयर साहब अपने चश्मे पहन नहीं सकते। वह बहुत महत्त्वपूर्ण व्यक्ति हैं और उसके लिए मुझे एक सेफ्टी पिन चाहिए।

जैसे ही उन्होंने अपने बक्से को खोला तो सभी सेफ्टी पिन गर्व से उनका ध्यान अपनी ओर खिंचने का प्रयास करने लगी। सफेटी पिन के लिए यह एक सम्मान की बात थी कि वह मेयर साहब के काम आए। लेकिन छोटी पिन ने कोई उत्साह नहीं दिखायी। उसे लगा कि उसे अवसर नहीं मिलेगा। मालकिन ने अन्य सभी बड़े पिन को एक तरफ कर दिया।

विचार–मंथन

1. क्या आप अनुमान लगा सकते हैं कि आगे क्या हुआ?
2. इस कहानी का प्रभाव क्या है?

नीचे दिए गए जवाब को देखने से पहले विचार–मंथन आपको स्वयं इन प्रश्नों का जवाब सोचने के लिए प्रोत्साहित करता है।

जवाब

1. मेयर साहब के चश्मे में एक छोटी पिन की जरूरत थी। इसलिए घर की मालकिन ने अन्य सभी बड़े और चमकदार सेफ्टी पिन को उदास करते हुए मालकिन ने इस महत्त्वपूर्ण काम के लिए छोटी पिन को चुना। ज्ञानी बुजुर्ग पिन की बात सच साबित हो गई।

2. हम सभी बड़े अथवा छोटे अपनी–अपनी भूमिका में हैं और तदनुसार भूमिका अदा करनी पड़ती है। कोई किसी से न तो बड़ा है और न छोटा। हम सभी यहाँ पर अपने लक्ष्यों को पूरा करने के लिए हैं।

31
होशियारी का मामला

सोनी और उसकी दोस्त बहुत थक गई थीं। उन लोगों ने पाँच घंटे के बस की सफर तय की थी। उन्हें काफी भूख लगी थी और वे दोनों गर्मी से भी परेशान थीं। उन्होंने इसके बाद भोजन करने का निर्णय लिया। स्टेशन के पास उन्हें एक मंहगा दिखने वाला रेस्तरां मिला। सोनी को याद आयी कि उस शहर में सर्वोत्त्म मछली खिलाने में उस रेस्तरां का नाम था। चूँकि उसमें शाकाहारी खाना भी मिलता था, इसलिए उन लोगों ने उसी में खाना खाने का फैसला किया।

पन्द्रह मिनट तक इंतजार करने के बाद उन्हें उसमें खाने की जगह मिली। चूँकि वह रविवार की शाम थी, इसलिए रेस्तरां खचाखच भरा हुआ था। रेस्तरां मालिक खुद ही मदद करने के लिए ऑर्डर ले रहा था। वह इन दोनों के टेबल तक आया और उन लोगों से आर्डर मांगा। उनलोगों ने पहले ही तय कर लिया था कि जैसे रोज रोटी–सब्जी खाते हैं उस तरह से नहीं खाएंगी। उन लोगों ने दो आलू परांठे के ऑर्डर दिए। मालिक भड़क गया। इस रविवार शाम में जहाँ लोग मछली खाने के लिए लाइन लगाए हुए हैं वहाँ ये लड़कियाँ आलू परांठे का ऑर्डर दे रही हैं। उसने कहा कि देखना पड़ेगा कि परांठे हो पाएंगे अथवा नहीं।

कुछ समय बाद वह वापस आया और भन्नाते हुए कहा कि हालांकि आज का खास पकवान मछली कढ़ी बनाने से उन लोगों को फुर्सत नहीं है फिर भी दो आलू परांठे का जुगार किया जा सकता है।

जब उन लोगों ने दो आलू पराठें खा लिए तब उन्हें लगा कि उन्हें भूख मिटाने के लिए दो पराठें और भी चाहिए। हालांकि रेस्तरां

मालिक की प्रतिक्रिया को देखते हुए सोनी को शक था कि वह दो और परांठे बनाने के लिए तैयार होगा। यद्यपि वे दोनों भूखी थीं फिर भी मांसाहारी खाना नहीं खाना चाहती थी।

जल्द ही मालिक उन दोनों के पास आए तथा उनसे पूछा कि उन्हें कुछ और भी चाहिए। सोनी जो चाहती थी वह ऑर्डर दे दी। मालिक अचानक मुस्कुराने लगे और उन्होंने कहा कि उन्हें कोई दिक्कत नहीं है। वह दो परांठे बनवाने के लिए चल पड़े।

विचार–मंथन

1. सोनी ने क्या कहा जिससे मालिक मुस्कुराने लगा और दो परांठे बनवाने के लिए चला गया?
2. इस कहानी से क्या शिक्षा मिलती है?

नीचे दिए गए जवाब को देखने से पहले विचार–मंथन आपको स्वयं इन प्रश्नों का जवाब सोचने के लिए प्रोत्साहित करता है।

जवाब

1. सोनी ने कहा, "आलू परांठे बहुत ही स्वादिष्ट थे। मैंने इतने अच्छे आलू परांठे कभी नहीं खाए थे। हमें दो और परांठे मिल जाते तो बहुत अच्छा होता मगर आपसे ऐसा अनुरोध उचित नहीं होगा, है न?
2. यदि आप किसी व्यक्ति को कुछ करने के लिए कहना चाहते हैं तो आपको उन्हें उस रूप में कहना चाहिए जिस रूप में वह सुनना चाहते हों। रेस्तरां मालिक इस बात से अत्यंत प्रसन्न हो गया कि उनके यहां सर्वोत्तम परांठे बनाए जाते हैं। वह महसूस करने लगे कि जिन लोगों ने उनकी इतनी प्रशंसा की है उनकी खातिरदारी करना सम्मान की बात होगी। उस ऑर्डर को इंकार करने का कोई सवाल ही नहीं था।

32
स्नीकर

अदिति बारहवीं कक्षा की छात्रा थीं। वह पढ़ाई में अच्छी थीं और खाना बनाने में रूचि लेती थी। उसकी माँ का कैटरिंग का कारोबार था। उस माह में कारोबार जोरों पर था और उसकी माँ को किसी की मदद की जरूरत थी।

एक दिन घर आने पर अदिति ने अपने पिता से स्नीकर यानी जूते खरीदने के लिए दो हजार रूपए की मांग की। अदिति के पास पहले से चार जोड़ी जूते थे। ऐसे में उनके माता–पिता को आश्चर्य होने लगा कवह स्नीकर किस उद्‌देश्य से चाह रही है। वह जिम जाने अथवा दौड़ने में दिलचस्पी नहीं ले रही थी। किंतु अदिति के सभी दोस्त स्नीकर पहन रहे थे और उसे भी चाहिए। वह स्नीकर के बिना अपने दोस्तों के बीच असहज महसूस कर रही थी।

अदिति को जूते लेने सीधे मना करने के बजाय उसके पिता ने उसे एक प्रस्ताव दिया। अदिति को क्रिसमस के दौरान दस दिन की छुट्‌टी थी और उसकी माँ को काम में किसी मददगार की जरूरत थी। उन्होंने अदिति को अपनी माँ को दस दिन तक मदद करने के लिए कहा। उसकी माँ उसे मदद करने के लिए कहेगी। उसके पिता ने कहा कि उसे माँ के साथ काम करने से जो पैसे मिलेंगे उससे वह अपने जूते खरीद लेंगी। इसमें जितने पैसे घट जाएंगे उसे उसका पिता पूरा कर देंगे।

अदिति ने सोचा कि यह एक उत्तम विचार है। वह अपने माँ का हाथ बंटाना शुरू कर दी। वह हर रोज सुबह 5 बजे उठ जाया करती थी और हर काम में माँ का हाथ बंटाया करती थी – सब्जी काटने–छीलने

से लेकर मसाले कूटने, बर्तन मांजने तक और अन्य काम में हाथ बंटाती थी। सुबह छः बजे से काम शुरू करके शाम छः बजे तक काम करती थी। शाम होते–होते अदिति पूरी तरह से थक जाती थी।

उसके काम से उसकी माँ बहुत खुश थी। उन्होंने निर्णय किया कि अदिति को उसके दस दिन के काम के बदले 1000 रूपए दिए जाएं। उसके पिता भी खुश थे कि अदिति ने अपनी माँ की मदद की। उन्होंने अदिति से कहा कि अगले रविवार को उसकी पसंद के जूते खरीदने के लिए जाएंगे। बाकी के एक हजार रूपए उसके पिता दे देंगे।

अदिति ने उनकी ओर अचरज के साथ देखा और कहा........

विचार–मंथन

1. अदिति ने अपने पिता से क्या कहा?
2. इस कहानी से क्या प्रभाव पड़ता है?

नीचे दिए गए जवाब को देखने से पहले विचार–मंथन आपको स्वयं इन प्रश्नों का जवाब सोचने के लिए प्रोत्साहित करता है।

जवाब

1. अदिति ने कहा, "आप क्या कह रहे हैं? आप क्या चाहते हैं कि मैं अपनी मेहनत की कमाई एक जोड़ी जूती पर खर्च कर दूँ?
2. जब तक हम खुद परिश्रम करके पैसे नहीं कमाते तब तक उसके महत्व से अनभिज्ञ रहते हैं। जब तक अदिति के पिता उसे जूती के लिए पैसे देते थे तब तक वह पैसे के महत्व से बेखबर थी। लेकिन जब उसने खुद महसूस किया कि एक हजार रूपए कमाने के लिए उसे कितना कठिन परिश्रम करना पड़ा तब उसे पैसे का महत्व समझ में आया और उसने निर्णय लिया कि कठिन परिश्रम से अर्जित धन को जूती पर खर्च नहीं करना चाहिए।

33
मेरे विचार में

डॉ. विश्वास क्लिनिकल मनोविज्ञान के विशेषज्ञ थे। उन्होंने इस क्षेत्र में अनेक नए विचारों का सूत्रपात किया था। इन विचारों को उन्होंने अपने प्रयोगों के माध्यम से सही साबित कर दिया। हालांकि इस पेशे में कार्यरत कुछ पुराने और बुजुर्ग लोग उनके इन विचारों से थोड़े चौंक जरूर गए थे मगर वे इनको स्वीकार नहीं कर पा रहे थे।

ऐसे लोगों में से एक थे डॉ. मेहता के शिक्षक थे डॉ. विश्वास। उन्होंने डॉ. विश्वास के 'निष्कर्षों' और उनके 'नए विषैले विचार' (जैसा कि डॉ. मेहता उनके विचारों के बारे में कहा करते थे।) का विरोध किया। वह अचरज व्यक्त किया करते थे कि क्लिनिकल मनोविज्ञान के क्षेत्र में पूर्व के विचारों की अनदेखी करके उन्होंने कौन–सा तीर मार लिया है।

एक सम्मेलन में डॉ. विश्वास को उनकी महान खोज के लिए सम्मानित किया गया। उस समय उनके सहयोगियों ने उनसे पूछा कि डॉ. मेहता के बारे में उनके विचार क्या हैं।

डॉ. विश्वास ने कहा, "मेरे विचार में डॉ. मेहता एक पारंगत शोधकर्ता हैं और एक अच्छे शिक्षक भी। उनके शोध आज भी बहुत–से उपचारों के आधार हैं।"

इस बात से सहयोगियों को बहुत आश्चर्य हुआ और उन्होंने कहा, "ऐसी बात आप कैसे कह रहे हैं? आपके बारे में डॉ. मेहता के बहुत बुरे विचार हैं और वह ऐसे विचारों को जहाँ–तहाँ व्यक्त करते रहते हैं।"

मगर सहयोगी लोग डॉ. विश्वास के जवाब से भैंचक्के रह गए।

विचार–मंथन

1. डॉ. विश्वास ने क्या कहा?

नीचे दिए गए जवाब को देखने से पहले विचार–मंथन आपको स्वयं इस प्रश्न का जवाब सोचने के लिए प्रोत्साहित करता है।

जवाब

1. इस पर डॉ. विश्वास ने कहा, ''आपने मुझसे डॉ. मेहता के बारे में मेरे विचार पूछे। इस बात से कुछ भी फर्क नहीं पड़ता कि वह मेरे बारे में क्या सोच रहे हैं।''

34

प्रशंसा की झड़ी

समीरा के चचेरे भाई–बहन अमरीका से आकर उसके घर पर एक सप्ताह रहना चाहते थे। हालांकि वह इस बात से खुश थी मगर थोड़ी–सी परेशान भी थी। यदि वह अपने मायके में होती तो उसे इस बात से तनिक भी परेशानी नहीं होती लेकिन वह तो थी अपने ससुराल में।

उसे अपने ससुर, पति और देवर से कोई भी परेशानी नहीं थी। मगर उसकी सास ... मासा अल्लाह....! वह बहुत सख्त अनुशासन वाली महिला थी जिसे अपने यहाँ लोगों का आना–जाना पसंद नहीं था। वह मानती थी कि लोग आकर घर की व्यवस्था बिगाड़ देते हैं। हालांकि उसने समीरा से कुछ नहीं कहा मगर समीरा जानती थी कि वह उसके चचेरे–भाई बहनों की खामियाँ ढूँढ़ लेंगी।

जब उसके चचेरे भाई–बहनों ने उन्हें आने के बारे में फोन करके पूछा तो वह मना नहीं कर पाई। वह न तो अपने चचेरे–भाई बहनों को मना कर पायी और न ही इस बात से आश्वस्त थी कि उसकी सास उन लोगों का स्वागत करेंगी।

उसने अपने दोस्त से इस समस्या का निदान पूछा। उसके दोस्त ने उसे उचित उपाय बता दिया। जब उसके चचेरे भाई–बहन उसके घर आए तो वह उन्हें सीधे अपनी सासु माँ के पास लेकर चली गई। उसने उनलोगों का अपनी सासु से परिचय करवाया।

समीरा की सासु ने एक अच्छी मेजबान की तरह व्यवहार किया और उनलोगों के प्रति स्नेहपूर्ण बनी रही। उनके चचेरे भाई–बहनों का आगमन बहुत ही सफल रहा।

विचार–मंथन

1. अपने चचेरे भाई–बहनों के प्रति अपनी सासु के रवैये में परिवर्तन करने के लिए समीरा ने क्या किया?
2. इस कहानी से क्या नैतिक शिक्षा मिलती है?

नीचे दिए गए जवाब को देखने से पहले विचार–मंथन आपको स्वयं इन प्रश्नों का जवाब सोचने के लिए प्रोत्साहित करता है।

जवाब

1. अपने चचेरे भाई–बहनों से परिचय करवाते समय समीरा ने अपनी सासु माँ के बारे में कहा कि वह बहुत ही प्यार देने वाली और ध्यान रखने वाली व्यक्ति हैं। उसने यह भी कहा कि उसकी सासु माँ उसके लिए एक सासु से बढ़कर उसकी माँ जैसी हैं।
2. लोगों को आपसे अपेक्षा रखने के अभ्यस्त रहते हैं। यदि आप उन्हें यह बताएंगे कि आप उनसे सर्वोत्तम व्यवहार चाहते हैं तो वे प्रेरित होंगे कि वे सर्वोत्तम व्यवहार करें। यही कार्य समीरा ने किया। अपने शब्दों के माध्यम से समीरा ने अपनी सासु माँ को जता दी कि वह अपने और अपने चचेरे भाई–बहनों के प्रति सदव्यवहार की अपेक्षा रखती हैं। उसकी सासु माँ ने वैसा ही व्यवहार किया।

35

जाकी रही भावना जैसी जग देखहिं सो तैसी

राज और विराज एक गुरु के आश्रम में रहकर विद्या अध्ययन कर रहे थे। राज सत्यवादी, विश्वसनीय और शांत स्वभाव का अच्छा लड़का था। वहीं विराज दुष्टबुद्धि, झूठा और तुनक मिजाजी बालक था।

एक दिन गुरु ने उन दोनों को एक कार्य सौंपा और उन्हें आश्रम से बाहर जाने के लिए कहा। राज से कहा गया कि वह एक बुरे व्यक्ति को ढूँढ़कर आश्रम में लाए। वहीं विराज से कहा गया कि वह एक अच्छे व्यक्ति को खोजकर आश्रम में लाए।

वे दोनों सुपुर्द किए गए कार्य को संपन्न करने के लिए निकल पड़े। तीन माह तक खोज करने के बाद वे दोनों आश्रम लौट आए। गुरु ने राज से पूछा, 'वत्स, क्या तुम्हें कोई बुरा व्यक्ति मिला?''

उसने कहा, ''जी नहीं गुरुदेव, मैंने हर जगह खोजा मगर मुझे कोई भी बुरा व्यक्ति नहीं मिला।''

फिर उन्होंने विराज से पूछा, ''वत्स विराज,क्या तुम्हें कोई अच्छा लड़का मिला?''

उसने कहा, ''नहीं गुरु जी, मैंने हर जगह ढूँढ़ा लेकिन मुझे कहीं भी अच्छा आदमी नहीं मिला।''

विचार-मंथन

1. इस कहानी से हमें क्या शिक्षा मिलती है?

नीचे दिए गए जवाब को देखने से पहले विचार-मंथन आपको स्वयं इस प्रश्न का जवाब सोचने के लिए प्रोत्साहित करता है।

जवाब

1. हम अपने चारों ओर अपने अंर्तमन का प्रतिबिम्ब ही देखते हैं। राज जहाँ कहीं भी गया वहाँ उसने अपने अंतर्मन यानी अच्छाई का प्रतिबिम्ब देखा और कहीं भी उसे बुरा आदमी नहीं मिला। वहीं विराज कर जगह अपने अंतर्मन यानी बुराई का प्रतिबिम्ब देखा और उसे कहीं भी कोई अच्छा आदमी नहीं दिखा।

36
ग़ैर पेशेवर चिकित्सक

राघवन बहुत ही चिंतित रहते थे। उस दिन उनके बेटे आदित्य का ऑपरेशन होने वाला था। ऑपरेशन बहुत ही जटिल था। उनकी दुनिया उनके बेटे से ही थी। हालांकि भयभीत आदित्य को उन्होंने सांत्वना दी थी मगर खुद उत्तेजित थे।

नर्स ने आदित्य को ऑपरेशन के लिए तैयार कर दिया था मगर डॉक्टर नहीं पहुँचा था। राघवन ने नर्स से शिकायत की कि डॉक्टर अभी तक क्यों नहीं आए।

नर्स ने जवाब दिया, "वह कुछ ही क्षण में यहाँ आ जाएंगे।"

"क्या उन्हें यह नहीं मालूम है कि मेरे बेटे का ऑपरेशन तुरंत करना कितना जरूरी है? मेरा बेटा मौत की दहलीज पर खड़ा है। इस भयावह ऑपरेशन के प्रारंभ होने के लिए उस अब और कितनी देर तक इंतजार करना पड़ेगा?" राघवन ने चिल्लाया।

इस पर नर्स ने कहा, "डॉक्टर के आते ही हम ऑपरेशन शुरू कर देंगे।"

इसके पन्द्रह मिनट के बाद डॉक्टर आ गए और सीधे दौड़कर ऑपरेशन के लिए तैयार हो गए। उन्हें देखते ही राघवन ने व्यंग्य करते हुए कहा, " आप समय पर आ गए डॉक्टर। मेरा बेटा बहुत देर से आपका इंतज़ार कर रहा था और अब उसे धैर्य नहीं है।" इस पर डॉक्टर ने कुछ नहीं कहा।

"डॉक्टर, आप अपनी ओर से पूरी कोशिश कीजिए। मुझे उम्मीद है कि मेरा बेटा ठीक हो जाएगा।"

डॉक्टर ने कहा, ''मैं अपनी ओर से पूरी कोशिश करूंगा, श्री राघवन। आगे ईश्वर के हाथ में है।''

''मेरे बेटे का जीवन दाँव पर लगा हुआ है। यह जिम्मेदारी भगवान पर मत छोड़ दीजिए। आप अपनी ओर से भरसक प्रयास कीजिए।'', राघवन ने कहा। इस डॉक्टर ने सिर हिलाया।

राघवन ने अपने आपसे कहा, '' अपना बच्चा रहता तब मालूम होता। उसके लिए शांत बने रहना आसान है।''

ऑपरेशन खत्म होने के बाद राघवन ने चैन की साँस ली। फिर उसे ख्याल आया कि वह डॉक्टर के प्रति कुछ ज्यादे ही कठोर हो गया था। उन्होंने डॉक्टर को धन्यवाद देने के लिए उन्हें आसपास ढूँढ़ा मगर डॉक्टर तो कहीं दिखे ही नहीं। उन्होंने नर्स से डॉक्टर के बारे में पूछा। उसने कहा कि डॉक्टर तो जा चुके हैं। इस पर राघवन को गुस्सा आ गया। उन्होंने कहा, '' ऑपरेशन के बाद मेरे से बात करने के लिए वह क्यों नहीं रूके रहे? वह कितने ग़ैर पेशेवर हैं!''

नर्स ने उनकी ओर देखा और कहा, ''वह इसलिए आए कि ऑपरेशन अनिवार्य था। वरना उनके खुद के बेटे की मौत हो गई है। वह अपने बेटे के अंतिम संस्कार की तैयारी में जुटे थे।''

विचार–मंथन

1. इस कहानी से क्या शिक्षा मिलती है?

नीचे दिए गए जवाब को देखने से पहले विचार–मंथन आपको स्वयं इस प्रश्न का जवाब सोचने के लिए प्रोत्साहित करता है।

जवाब

1. दूसरे को दोष देना आसान है क्योंकि वे हमारी अपेक्षाओं के अनुरूप काम नहीं करते हैं – जैसा कि राघवन ने डॉक्टर को

दोष दिया। यदि हम ठीक से सोचेंगे तो पाएंगे कि हर आदमी की अपनी समस्या होती है जो हमारी समस्या से कहीं बड़ी होती है। डॉक्टर ने अपने व्यक्तिगत दुख को दरकिनार करते हुए अपनी ड्यूटी पर हाजिर हो गए। लेकिन अपनी चिन्ता में राघवन यह सोच ही नहीं सके कि डॉक्टर भी किसी समस्या के कारण देर हो सकते हैं।

37
सही औरत

ऋचा अपने पोस्ट ग्रेजुएशन की पढ़ाई पूरी करने के तुरंत बाद अपने ही शहर की एक बहुराष्ट्रीय कंपनी में काम करने लगी। उसकी मानसिकता 'जमकर काम करने और उसके बाद धमाल पार्टी करने' की थी जैसा कि उसकी पीढ़ी के लोगों की अक्सर होती है। एक साल की सर्विस होने के बाद उसके माता–पिता ने उसके लिए एक योग्य वर ढूँढ़ने का निर्णय लिया।

ऋचा सोचने लगी कि उसे कैसा पति चाहिए। उसके माता–पिता ने योग्य लड़कों और उनके परिवारजन से मिलवाने की व्यवस्था की। मगर ऋचा ने उनमें से किसी को भी पसंद नहीं किया। कोई बहुत लम्बा था तो कोई बहुत छोटा, कोई बहुत मोटा था तो कोई बहुत पतला, कोई नासमझ था तो कोई मूर्ख। ऐसे में एक साल और गुजर गया।

एक बार ऋचा अपने दादी माँ के पास रहने के लिए गई थी। वहाँ पर उसकी शादी का बात चल पड़ी। दादी माँ ने पूछा कि इस संबंध में बात कहाँ तक पहुँची है।

ऋचा ने कहा, ''अभी तक कुछ नहीं हुआ है।''

दादी माँ ने विवाह में इतनी देर होने का कारण पूछा।

ऋचा ने कहा, ''दादी माँ, मुझे सही आदमी की तलाश है।''

दादी ने उसकी ओर देखा और कहा.......

विचार-मंथन

1. ऋचा की दादी ने उससे क्या कहा?
2. इस कहानी से क्या शिक्षा मिलती है?

नीचे दिए गए जवाब को देखने से पहले विचार–मंथन आपको स्वयं इन प्रश्नों का जवाब सोचने के लिए प्रोत्साहित करता है।

जवाब

1. ऋचा की दादी ने कहा, ''सही आदमी की तलाश मत करो क्योंकि तुम सही आदमी की खोज नहीं कर सकोगी। तुम सबसे पहले स्वयं सही औरत बनने पर ध्यान दो।
2. कोई आदमी अपने आप में पूर्ण नहीं है। हम किसी दूसरे को परिवर्तित करके उसे हमारे अनुकूल सही बनने की अपेक्षा नहीं कर सकते हैं। हम यह कह सकते हैं कि स्वयं को परिवर्तित करके दूसरे के अनुकूल 'सही' बन सकते हैं।

38
मैं माँ बनाना चाहती हूँ

सयाली और रेणु – दोनों की उम्र दस साल की थी। दोनों बालिकाएं खुशी–खुशी कानाफूसी कर रही थी। सयाली के पिता एक सख्त मिजाज इंसान थे। उन्होंने सोचा, ''निश्चय ही ये बालिकाएँ बेमतलब के काम में लगी हुई हैं। ये हमेशा नए गजेट्स के साथ खेलती रहती हैं। इस प्रकार ये समय, ऊर्जा और पैसे की बर्वादी करते रहते हैं। और इस तरह से क्या वे कुछ सार्थक ज्ञान प्राप्त कर पाती हैं? कुछ भी नहीं! ये हर तरह की वाहियात चीजें देखती हैं जिन्हें देखना इनके लिए जरूरी नहीं है, मोबाइल पर विचित्र तरह के खेल खेलती रहती है – हे भगवान! इन लड़कियों का भविष्य न जानें कैसा होगा!

जब रेणु अपने घर की ओर चल पड़ी तब सयाली दौड़े–दौड़े अपने पिताजी के पास आयी और उनसे बोली, ''पापा, आज हमलोगों को बहुत मजा आया।''

उसके पिता ने झल्लाते हुए पूछा, ''हूँह, तुम और रेणु आज क्या बात रही थीं?

''मैं उससे कह रही थीं कि मैं माँ बनना चाहती हूँ। और वह भी मुझसे कह रही थी कि वह भी माँ बनना चाहती हैं।'', सयाली ने कहा।

उसके पिता ने समाचार पत्र पढ़ना बंद कर दिया और उस पर चिल्लाया। ''क्या बकवास कर रही हो। तुमलोगों को खुद पर शर्म आनी चाहिए। अभी समय है तुमलोगों की पढ़ाई का, न कि यह सोचने का कि तुम्हें माँ बनाना है।'', सयाली ने कहा। उन्होंने चिल्लाया, ''बुरे लोगों की संगत में पड़ने का जोखिम मत उठाओ और

परिवार का नाम बदनाम मत करो।'' उन्होंने मन में सोच लिया कि इस संबंध में रेणु के पिता से बात की जाएगी।

सयाली की आँखों में आँसू आ गए और वह अपनी माँ को खोजने लगी।

रेणु जब घर पहुँची तब उसके पिता तुरंत घर से वापस आए थे। उसने प्यार से रेणु से पूछा, ''मेरी प्यारी बिटिया, कहाँ गई थी?''

रेणु ने जवाब दिया, ''सयाली के घर!''

''क्या तुम्हें मजा आया?''

'' जी हाँ, हमने वहाँ बहुत मस्ती की।''

उन्होंने कहा, ''मुझे उम्मीद है कि तुमने अपना होमवर्क कर लिया होगा अथवा अब उसे जरूर पूरा कर लो।''

रेणु ने कहा, ''पापा, वहाँ जाने से पूर्व हमने इसे पूरा कर लिया।''

रेणु के पिता ने अपनी बेटी पर गर्व करते हुए कहा, ''बहुत खूब, अच्छी लड़की ऐसे ही करती हैं।''

''तुम और सयाली ने कौन–सा खेल खेला?''

''पापा, सयाली मुझसे कह रही थी कि वह माँ बनाना चाहती हैं और मैंने भी महसूस किया कि मुझे भी माँ बनना चाहिए। ''

रेणु के पिता को इस बात पर तनिक आश्चर्य हुआ और उसने फिर पूछा, ''तुम और सयाली माँ क्यों बनना चाहती हो?''

''पापा, बच्चा बनने में मजा नहीं है। माँ तय करती हैं कि हमें क्या पहनना चाहिए, किसके जन्म दिवस पर जाना चाहिए, हमें कब पढ़ना चाहिए, कब खेलना चाहिए, वैगरह। यदि हम माँ बन जाएंगे तो अपना निर्णय ले सकेंगे, है न? हमें अपनी माँ से अनुमति नहीं लेनी पड़ेगी। माँ बनने में कितना मजा है!''

रेणु के पिता मुस्कुराने लगे।

विचार–मंथन

1. जैसी प्रतिक्रिया दोनों पिताओं ने व्यक्त की वैसा उन्होंने क्यों किया?

नीचे दिए गए जवाब को देखने से पहले विचार–मंथन आपको स्वयं इस प्रश्न का जवाब सोचने के लिए प्रोत्साहित करता है।

जवाब

1. सयाली के पिता के मन में बच्चे और उनके व्यवहार के बारे में पूर्वाग्रह थे। वह सोचते थे कि वे किसी काम की नहीं हैं। वह भूल गए थे कि ये बच्चियाँ बड़ी हो रही थीं, अपने जीवन–अनुभव प्राप्त कर रही थीं और सीख रही थीं। उनके व्यक्तित्व का निर्माण इन सब प्रभावों से हो रहा था। अपने पूर्वाग्रह के कारण उनके पास इतना धैर्य नहीं था कि वह पूछ सकें कि सयाली क्यों माँ बनना चाहती हैं। उन्होंने केवल बुरे घटित होने की कल्पना कर ली और उसी के अनुरूप अपनी प्रतिक्रिया व्यक्त की।

   रेणु के पिता के मन में बच्चों के प्रति कोई भी पूर्वाग्रह नहीं था। वास्तव में वह अपने बेटी को लेकर गौरवान्वित थे। हालांकि बेटी के माँ बनने के विचार पर पहले उन्हें थोड़ा आश्चर्य हुआ मगर उनके अंदर इतना धैर्य था कि उससे इसका कारण पूछ सकें। इसमें अति प्रतिक्रियावादी बनने की कोई जरूरत नहीं थी।

   अनेक बार हमलोग दूसरों की बातें सुनकर अति प्रतिक्रियावादी इसलिए हो जाते हैं कि 'हम उनके कथन के बारे में जो सोचते हैं उससे प्रभावित होते हैं' न कि वास्तव में 'वे जो वे कहते हैं उसे सुनकर'।

39
न्याय

मुन्ना एक कुख्यात चोर था। वह बहुत छोटी उम्र से चोरी करने लगा था। एक बार वह एक घर में चोरी कर रहा था कि ऐन वक्त पर ही घर के मालिक ने उसे पकड़ लिया। मुन्ना मकान मालिक की पकड़ को ढीली करके भागने की कोशिश करने लगा। लेकिन उसने महसूस किया कि उसका विरोधी बहुत तगड़ा है। जब उसे लगा कि उसका निकलना मुश्किल है तब उसने घर के मालिक को छूरा भोंक दिया और उसकी हत्या कर दी। पुलिस ने उसे पकड़ ली और हत्या के आरोप में उस पर मुकदमा चला। पुख्ता सबूत न होने के कारण वह बच निकलने में कामयाब हो गया।

जैसे कि सुरक्षाकर्मियों ने उसे मुक्त किया तो वह न्यायाधीश उसके सामने से गुजरे और उन्होंने मुन्ना से सुधर जाने के लिए कहा। इस पर मुन्ना हँसने लगा और कहा कि कानून ने उसकी बहुत मदद की है। उसने कहा कि हालांकि उसने हत्या की थी लेकिन इस बात को कानून साबित नहीं कर सका।

कुछ वर्षों के बाद मुन्ना को फिर से हत्या के आरोप में गिरफ्तार किया गया। उसका मामला उसी न्यायाधीश के न्यायालय में आया। मुन्ना ने स्वयं को निर्दोष साबित करने के पक्ष में दलीलें दी। हालांकि सबूतों के आधार पर मुन्ना को दोषी पाया गया और न्यायाधीश ने उसे आजीवन कारावास की सजा दे दी।

जैसे ही सुरक्षाकर्मी उसे ले जा रहे थे वैसे ही उसका सामना न्यायाधीश से हुआ। इस बार उसने न्यायाधीश के सामने दलील दी कि वह वास्तव में निर्दोष है और उसने यह अपराध नहीं किया है।

न्यायाधीश ने कहा कि वह इस संबंध में कुछ नहीं कर सकते हैं। मुन्ना ने कानून को खरी–खोटी सुनाई और कहा कि उसे उस अपराध के लिए दंडित किया जा रहा है जिसे उसने किया ही नहीं।

इस पर न्यायाधीश ने कहा.....

विचार–मंथन

1. न्यायाधीश ने क्या कहा?
2. इस कहानी से क्या शिक्षा मिलती है?

नीचे दिए गए जवाब को देखने से पहले विचार–मंथन आपको स्वयं इन प्रश्नों का जवाब सोचने के लिए प्रोत्साहित करता है।

जवाब

1. न्यायाधीश ने कहा, ''यह देश का कानून नहीं है, बल्कि तुम्हारे कर्मों का फल है।''
2. जैसी करनी वैसी भरनी। व्यक्ति को अपने कर्मों का फल भोगना ही है। हालांकि कानून मुन्ना को पहली बार दंड नहीं दे पाया लेकिन लेकिन कर्म के विधान ने न्याय सुनिश्चित किया।

40
परमात्मा के प्रति कृतज्ञ रहें

श्रीनिवास एक अत्यंत धार्मिक व्यक्ति थे। वह एक फार्म के मालिक थे जिसमें बहुत–से प्राणी थे। उनके फार्म में बहुत–से श्रमिक काम करते थे। उनके परिवार के जीवन–यापन का स्रोत उनका फार्म था। एक साल उनके फार्म में बहुत अच्छी फसल हुई थी जिससे उन्हें बहुत अधिक आय की प्राप्ति हुई। वह अपने स्वामी जी से मिलने गए और उनसे कहा, '' स्वामी जी, इस साल हमने काफी धन अर्जित की है और मैं आपके आश्रम को दान देना चाहता हूँ।''

ज्ञानी स्वामी जी ने जवाब दिया, ''बेटे, मेरे पास अपनी आवश्यकता के लिए सब कुछ है। मुझे किसी प्रकार का दान मत दो। भगवान को धन्यवाद दो।'' श्रीनिवास ने विनम्रतापूर्वक स्वामी जी की सलाह मान ली और भगवान के प्रति अपनी कृतज्ञता व्यक्त की।

अगले साल बहुत भारी तबाही हुई। उस बाढ़ की चपेट में उसका सब कुछ नष्ट हो गया। उसकी फसल नष्ट हो गई। उसके बहुत–से पशु मारे गए। उसके कुछ श्रमिकों की भी जान चली गई। उसके परिवार के पास इतना ही बचा जिससे वे लोग किसी तरह अपना गुजारा कर सकें।

सच में वह बर्वाद हो गए। वह परिवारजन के साथ स्वामी जी के आश्रम में गए और वहाँ जाकर उन्होंने स्वामी जी से पूछा कि यह क्या हो गया है उनके साथ। उन्होंने स्वामी जी से पूछा कि इस परिस्थिति से बाहर निकलने के लिए उन्हें क्या करना चाहिए।

स्वामी का उत्तर सुनकर श्रीनिवासन को घोर अचरज हुआ। उन्होंने कहा, "बेटे, आपको अपनी आवश्यकता के लिए सब कुछ है। किसी बात की चिन्ता न करें। केवल प्रभु को धन्यवाद दें।"

विचार–मंथन

1. जब श्रीनिवासन को इतनी बड़ी क्षति हुई थी तब स्वामी जी ने उससे क्यों कहा कि ईश्वर को धन्यवाद दें?

नीचे दिए गए जवाब को देखने से पहले विचार–मंथन आपको स्वयं इस प्रश्न का जवाब सोचने के लिए प्रोत्साहित करता है।

जवाब

1. विपत्ति के क्षण में भी व्यक्ति को ईश्वर की कृपा के लिए उन्हें ध न्यवाद देना चाहिए। जब स्वामी जी ने श्रीनिवासन से ईश्वर को धन्यवाद देने के लिए कहा तो श्रीनिवासन ने महसूस किया कि उसके पास भगवान के प्रति कृतज्ञ होने के लिए बहुत कुछ है। वह और उसके परिवारजन सुरक्षित हैं तथा एक साथ हैं। वे सभी स्वस्थ भी हैं और पुनः अपने जीविकोपार्जन करने के लिए परिश्रम करने लायक हैं। वह जो मान रहे थे कि उनका सब कुछ नष्ट हो गया है, उसके विपरीत उनके पास बहुत–कुछ बचा रह गया।

41
सफलता का रहस्य

एंजेला चालीस साल की थी। कुछ माह पहले उसके पति की मृत्यु हो गई थी। उसे अपने दो बच्चों की देखभाल करनी थी। वह आर्थिक रूप से एक–दो माह अपने परिवार का भरण–पोषण कर सकी और उसके बाद उसके पास पैसे की किल्लत होने लगी। जल्द ही मकान मालिक अपनी बकाया राशि मांगने लगा और दूसरे लोग भी मांगने लगे जिनसे वह उधार ली थी। उसने महसूस किया कि वह दरिद्रता की कगार पर खड़ी है और उसे तुरंत कोई–न–कोई जॉब पकड़ना होगा।

वर्षों पहले उसने टंकण और आशुलिपि का एक प्रशिक्षण पाठ्यक्रम पूरा किया था मगर विवाह के बाद उसने कभी भी इस क्षेत्र में काम नहीं किया था। हालांकि जब वे लोग बहुत संपन्न नहीं थे तब भी वह बाहर कोई काम नहीं कर सकी थी क्योंकि उसे अपने दो बच्चों की देखरेख करना पड़ता था।

जैसे ही समय गुजरा तो एंजेला बहुत बेसब्री से काम खोजने लगी। वह हर छोटे–बड़े विज्ञापन को खोजने लगी। उसने लोगों को फोन की, अनेक कार्यालयों में खुद गई तथा दोस्तों एवं सगे–संबंधियों के पास गई मगर कहीं से कुछ काम नहीं मिला। बिना किसी पूर्व अनुभव के चालीस साल की महिला को कोई भी काम पर नहीं रखना चाहता था। उसे जो योग्यता थी उसके आधार पर उसे सहायक अथवा सचिव के पद पर काम मिल सकता था लेकिन इस पद पर जो लोग काम कर रहे थे वे सभी युवा और सचिवीय कार्य में दक्ष लोग थे।

एक दिन उसके चचेरे भाई ने उससे कहा कि उसे पता चला है कि एक कंपनी के प्रबंध निदेशक यानी एम.डी. को एक सचिव की जरूरत है। एम.डी. के बारे में यह अफवाह थी कि लोगों को अपना गुलाम बनाकर रखता है और उसके साथ काम करना बहुत ही टेढ़ी खीर है। इस समय तक एंजेला बहुत ही हताश हो चुकी थी। उसने बस किराया के लिए पैसा उधार ली और कंपनी में साक्षात्कार के लिए चल पड़ी।

उस कंपनी के मानव संसाधन प्रबंधक एम.डी. के लिए 'सक्षम' सचिव ढूँढ़ने के चक्कर में परेशान हो गए थे। उन्होंने एंजेला की ओर शक की निगाहों से देखा। एम.डी. के साथ साक्षात्कार के दौरान क्षण भर में अनेक उम्मीदवारों को अस्वीकृत कर दिया गया था। जिन दो उम्मीदवारों का चयन किया गया था उन्हें भी कुछ दिनों में बाहर का रास्ता दिखा दिया गया था। कंपनी का कोई भी सचिवीय कर्मचारी एम.डी. के सचिव के रूप में काम करने के लिए तैयार नहीं था। उसने आश्चर्य किया कि ऐसी स्थिति में एंजेला का इस पद पर काम करने के लिए कैसे चयन किया जा सकता है।

हालांकि उस समय कोई दूसरा उम्मीदवार नजर में नहीं था, इसलिए उन्होंने एंजेला को एम.डी. के पास साक्षात्कार के लिए भेज दिया। एम.डी. ने उससे उसकी पृष्ठभूमि के बारे में पूछा और कहा कि उन्हें हमेशा अपना सर्वोत्तम प्रदर्शन करना पड़ेगा और दक्षता में कभी कोई कमी नहीं होनी चाहिए। एंजेला ने केवल अपना सिर हिलाया और उसी दिन से काम में जुट गई।

जैसे ही दूसरे सचिवों को उसकी नियुक्ति के बारे में पता चला तो वे आपस में कानफूसी करने लगे। उनमें से कुछ ने तो उसे एम.डी. कारनामे के किस्से सुनाए। उनमें से एक ने तो यहाँ तक कहा कि किसी दिन बेवजह उसे ऑफिस के बाहर का रास्ता दिखा दिया जाएगा।

एंजेला ने एम.डी. के सेवानिवृत होने तक उनके सचिव के रूप में अगले पन्द्रह वर्षों तक कार्य किया और उन्हें कंपनी के प्रशासन में वाइस प्रेसिडेंट के रूप में पदोन्नत कर दिया गया।

विचार-मंथन

1. एंजेला ने क्या कारण बताया?
2. इस कहानी से क्या शिक्षा मिलती है?

नीचे दिए गए जवाब को देखने से पहले विचार-मंथन आपको स्वयं इन प्रश्नों का जवाब सोचने के लिए प्रोत्साहित करता है।

जवाब

1. एंजेला का एक शब्द में जवाब था 'गरीबी'।
2. जब हम पूरी तरह से अपने लक्ष्य के पीछे पड़े रहते हैं तब हमें मार्ग में आने वाली बाधाओं का ध्यान नहीं रहता है। हम अपने लक्ष्य तक पहुँचने के लिए मार्ग ढूँढ़ ही लेते हैं। एंजेला गरीबी से जूझ रही थी। वह जानती थी कि उसे अपने परिवार को पालने के लिए नौकरी की जरूरत थी। अन्य सचिवों की तरह उसने अधिक काम अथवा बॉस के स्वाभाव से परेशान नहीं हुई। उसने बॉस के बारे में सभी बातों को अनसुनी करते हुए अपने लक्ष्य को पूरा करने के लिए अपने काम पर ध्यान देती रही। एक बार जब उसे कठिन काम करने की आदत पड़ गई तब वह एम. डी. की आकांक्षाओं पर खड़ी उतर गईं।

42
हुड़हुड़ दबंग

संकेत स्कूल में अपने दोस्तों के बीच अग्रणी था उसके पास उनकी अधिकांश समस्याओं का निदान था।

एक दिन उसे पता चला कि उसके गुट के लड़कों से काफी बड़ा एक लड़का जिसका नाम मनोज था ने उन लड़कों की पिटाई की है। लम्बे–तगड़े मनोज का अपना एक अलग गुट था। उनलोगों को अपने से छोटे एवं कमजोर लड़कों को डरा–धमकाकर रखने वालों की छवि थी।

इससे संकेत के गुट के लड़के बहुत चिढ़े रहते थे। उन सबने एकजुट होकर मनोज और उसके गुट के लड़को का मुकावला करने का निर्णय लिया। मगर संकेत उन सबसे से सहमत नहीं था। उसने अपने गुट के लड़कों से कहा कि वह अकेले जाएगा। लेकिन उनमें से किसी ने संकेत की बात पर ध्यान नहीं दिया। अंत में, वे सब स्कूल के बाद संकेत के बिना मनोज और उसके गुट के लड़कों से निबटने के लिए गए।

जैसा कि होना था, दोनों गुटों के बीच जमकर लड़ाई हुई और दोनों ओर के लोग घायल हो गए। मनोज ने उन सबसे कहा, ''यहाँ से तुम सभी दफा हो जाओ और अपने कमजोर मुखिया से कह दो कि वह मुझसे मिले।''

संकेत को तो मालूम ही था कि ऐसा कुछ होने वाला है। उसने अपने गुट के लड़कों से कहा कि अब की बार वह अकेले जाएगा। उनके लोगों के विरोध के बावजूद वह मनोज और उसके गुट के लड़कों से मिलने के लिए अकेले गया।

वे सभी हाथ में हॉकी स्टीक लिए उसका इंतजार कर रहे थे। संकेत को बिना किसी हथियार के अकेले देखकर उनलोगों को आश्चर्य हुआ। उन्होंने संकेत को चिढ़ाया, ''अकेले आकर इसने बहुत बड़ी बेवकूफी की है!''

जैसे वह मनोज के गुट के नजदीक आया तो उनलोगों ने संकेत को मारने के लिए हाथ में हॉकी स्टीक उठा लिया। इस पर संकेत ने बहुत आत्मविश्वास के साथ अपना हाथ ऊपर उठाकर कहा, ''रूको, मैं तुम्हारे मुखिया से बात करना चाहता हूँ।'' इस बात से लड़के भ्रमित हो गए और वे आगे की हरकत के लिए मनोज के आदेश की प्रतीक्षा करने लगा।

संकेत अब विल्कुल मनोज के सामने खड़ा था। मनोज ने बहुत ही घमंड के साथ पूछा, ''तुम क्या चाहते हो?''

संकेत ने अपना सिर ऊपर उठाया, आत्मविश्वास के साथ मनोज की आँखों में आँखें डालकर मुस्कुराते हुए जवाब दिया.......

यह पहला अवसर था जब किसी ने मनोज की आँखों में आँसू देखा।

विचार–मंथन

1. संकेत ने क्या कहा?
2. मनोज क्यों रोने लगा?

नीचे दिए गए जवाब को देखने से पहले विचार–मंथन आपको स्वयं इन प्रश्नों का जवाब सोचने के लिए प्रोत्साहित करता है।

जवाब

1. संकेत ने जवाब दिया, ''मनोज, मैं तुम्हारा दोस्त बनना चाहता हूँ।''

2. अधिकांश बदमाश लोग हीन भावना से ग्रस्त रहते हैं। मनोज ऐसी हरकतें लोगों का ध्यान खिंचने के लिए किया करता था। मनोज को उसका दोस्त बनने का प्रस्ताव देकर संकेत ने उसके प्रति आदर व्यक्त किया। इससे पहले किसी ने मनोज को आदर नहीं दिया था। इसलिए वह भावुक हो गया और उसकी आँखों से आँसू छलकने लगे।

43

थप्पड़

तीन दिन पहले एक दुर्घटना में सोनालिका के बड़े बेटे की मौत हो गई थी। परिवार के सभी लोग आ गए थे। उन सबको सोनालिका के पति की प्रतीक्षा थी जो थल सेना में एक अधिकारी थे। सोनालिका की माँ ने उसके पति से बहुत मन से फोन पर बात की मगर वह उनसे बात नहीं कर सकी थी। उसने किसी ने बात नहीं की थी। वह रोयी भी नहीं थी। वह सदमें में बैठी रही। पिछले तीन दिनों से वह अपने दस माह के बच्चे पर भी ध्यान नहीं दी थी।

परिवार की सभी औरतें कह रही थीं, ''वह सदमें में हैं। कोई तो उसे सदमें से बाहर निकाले। उसे रूला दें।''

मगर सोनालिका नहीं रोयी। जब उसका पति दरवाजे पर खड़ा था तब भी उसने उसकी ओर नहीं देखा। सोनालिका की माँ दरवाजे तक गई और अपने दामाद को घर के अंदर लायी। वह घर के अंदर अपना थैला रखने के बाद वहीं चला गया जहां पर सोनालिका फर्श पर बैठी हुई थी। उसने सोनालिका को अपनी बाँहों में भरते हुए जमीन पर खड़ा किया। तब हर किसी को घोर आश्चर्य हुआ कि उसने सोनालिका की गाल पर एक जोरदार थप्पड़ दे मारा।

उसकी माँ ने चैन की साँसें लीं।

विचार-मंथन

1. सोनालिका ने पति ने उसे क्यों थप्पड़ मारा?

नीचे दिए गए जवाब को देखने से पहले विचार–मंथन आपको स्वयं इस प्रश्न का जवाब सोचने के लिए प्रोत्साहित करता है।

जवाब

1. जैसे खुशी व्यक्त करना आवश्यक है, वैसा ही शोक जाहिर करना भी जरूरी है। अपने बेटे की मौत से सोनालिका सदमें में चली गई। उसके पति जानते थे कि उसके हित के लिए उसका रोना जरूरी है ताकि उसके दुख–दर्द बाहर निकल सकें। जब उसने थप्पड़ मारा तो वह रोने लगी।

44
सलाह

शरत को हाल ही में एक बहुराष्ट्रीय कंपनी में नौकरी मिली थी। वह अपने आप में बहुत खुश था। उसके बैच के साठ लड़कों में से दो को कंपनी ने नौकरी के लिए चुना। इस वजह से उसका आत्मविश्वास इतना अधिक बढ़ गया था कि जितना कभी नहीं बढ़ा था।

नौकरी करने के बाद वह उस ऑफिस के ही एक लड़की के साथ घूमने–फिरने लगा। वे दोनों अधिकांश समय एक साथ ही रहा करते थे। उसने उस लड़की के बारे में अपने माता–पिता से बताया और उसे अपने घर पर बुलवाने की व्यवस्था भी की।

उसके माता–पिता उस लड़की से मिलकर खुश नहीं हुए। वे दोनों आसानी से समझ गए कि यह लड़की शरत के लिए उपयुक्त नहीं है। उसके पिता को उसकी पसंद को लेकर काफी नाराज थे और उन्होंने शरत से यह बात साफ कर दिया कि यदि वह इस लड़की से शादी करेगा तो उसे पिता का आशीर्वाद नहीं मिलेगा। उसके शरत अपनी माँ के पास गया। माँ ने मुस्कुराते हुए कहा, ''मैं इस विवाह के पक्ष में नहीं हूँ। मगर बेटे, मैं तुम्हारे साथ हूँ।''

उसके पिता हतप्रभ थे। वह जानते थे कि उनकी पत्नी भी इस रिश्ते के पक्ष में नहीं है। मगर फिर क्यों वह शरत का साथ दे रही है? इसके जवाब में उनकी पत्नी ने कहा, ''धैर्य रखें।''

कुछ दिनों के बाद शरत अपनी माँ के बहुत करीब आ गया। उसके पिता अलग–थलग पड़े हुए थे। एक दिन फिर उन्होंने अपनी पत्नी से कहा कि वह शरत से बोल दे कि वह लड़की शरत के लिए उपयुक्त नहीं है। इससे उसको नुकसान होगा। फिर वह बोली, ''धैर्य रखें।''

एक माह के बाद एक दिन शरत ने घर में आकर अपनी माँ से कहा कि यह रिश्ता खत्म हो चुका है। उस लड़की के माता–पिता ने उसकी शादी कहीं दूसरे लड़के के साथ ठीक कर ली है। उसने माता–पिता के गुस्सा का सामना करने के बजाय उस लड़के से विवाह करने का निर्णय लिया है।

शरत की माँ उसके लिए शक्ति का स्रोत थी। अपनी माँ की मदद से वह जल्द ही उस प्रकरण से बाहर निकल आया। बाद में शरत के पिता ने उसकी माँ से पूछा, 'तुम कैसे अपना धैर्य बनाए रख सकी? यह कैसे देखते रही सकी कि वह लड़की शरत को पीड़ा पहुँचाए? तुमने यह भी कहने की कोशिश नहीं की कि वह गलत था।''

इस पर शरत की माँ ने जवाब दिया कि.......

विचार–मंथन

1. शरत की माँ ने क्या कहा?
2. इस कहानी से क्या शिक्षा मिलती है?

नीचे दिए गए जवाब को देखने से पहले विचार–मंथन आपको स्वयं इन प्रश्नों का जवाब सोचने के लिए प्रोत्साहित करता है।

जवाब

1. उसने कहा, ''किसी को सलाह तभी दो जब वह इसके लिए तैयार रहे।''
2. शरत की माँ जानती थी कि यदि वह भी शरत का विरोध करेगी तो वह लड़की के प्रति उनलोगों की असहमति को समझ नहीं पाएगा और सच्चाई को महसूस नहीं कर पाएगा। उस समय वह सच सुनने की स्थिति में नहीं था। ''मैं तुम्हारे साथ हूँ'', ऐसा कहकर उसने शरत को आश्वासन दे दिया कि हर परिस्थिति में वह उसका साथ देगी। समय आने पर वह खुद ही समझ गया कि उसके माता–पिता उसे क्या कहना चाहते थे।

45
शिवाजी महाराज और चावल–दाल

यह शिवाजी महाराज के आगरा से बचकर निकलने की कहानी है। वह एक साधु का भेष बनाकर अपने राज्य की ओर आ रहे थे। जब वह काफी समय तक लम्बी यात्रा करके अपने राज्य के समीप पहुंचे तब एक गाँव में रूक गए। थके हुए शिवाजी महाराज चाह रहे थे कि उन्हें कहीं से भोजन मिल जाए।

उन्होंने नजदीक में एक घर देखा और वहाँ मांगा। गृहस्वामिनी बाहर आयी और उन्हें कुछ देर प्रतीक्षा करने के लिए बोली। इस बीच वह भोजन परोसने के काम में लग गई। चूँकि शिवाजी महाराज साधु के भेष में थे इसलिए वह महिला उन्हें पहचान नहीं सकी।

कुछ समय के बाद वह महिला शिवाजी महाराज के लिए चावल–दाल लेकर आयीं। उन्होंने शिवाजी महाराज के आगे केले का पत्तल बिछाया। केले का पत्ता सपाट था और उस पर थाली जैसा कोई घेरा नहीं बना हुआ था। जब शिवाजी महाराज ने चावल के ऊपर दाल उड़ेली तब दाल चावल से होते हुए केले के पत्ते से बह निकली।

तब उस महिला ने उन्हें ग़ौर से देखा और कहा, " तुम इस प्रकार शिवाजी महाराज की तरह काम कर रहे हो! पहले दाल को रोकने के लिए चावल से घेरा बना लो फिर दाल नहीं बहेगी।"

विचार–मंथन

1. ऐसा कहने के पीछे उस महिला का क्या तात्पर्य था?

____

नीचे दिए गए जवाब को देखने से पहले विचार–मंथन आपको स्वयं इस प्रश्न का जवाब सोचने के लिए प्रोत्साहित करता है।

जवाब

1. बिना चौहदी मजबूत किए कोई भी राज्य सुरक्षित नहीं है। उस महिला के कहने का तात्पर्य था कि हालांकि शिवाजी महाराज ने पूरे राज्य को अच्छी तरह से बनाया था मगर उन्होंने इसकी सुरक्षा के लिए इसकी चौहदी को मजूबत नहीं की थी। इसलिए इस पर दुश्मन आसानी से आक्रमण कर देते हैं। अनेक बार अत्यंत महत्त्वपूर्ण शिक्षा हमें अनापेक्षित लोगों से मिल जाती है।

46
अध्यात्म का आरंभ

प्रीतम एक बड़ी कंपनी के युवा सी.ई.ओ. थे। जीवन में उन्हें जो ख्वाहिश थी वह सब मिल जाने के बाद वह अध्यात्म की ओर मुड़ गए। इस विषय पर काफी अध्ययन करने के बाद उन्हें महसूस हुआ कि इतना अध्ययन पर्याप्त नहीं है। उन्हें एक गुरु से ज्ञान प्राप्त करना चाहिए। उन्होंने अपने सहायकों से एक योग्य गुरु की खोज करने के लिए कहा।

काफी खोज के बाद सहायकों ने ऐसे एक गुरु को खोजा। अपने रोजमर्रे के काम की व्यस्तता में प्रीतम ने अपने एक सहायक को गुरु से संपर्क करने, उनकी आवश्यकता के बारे में बात करने और गुरु को आकर मिलने के लिए कहा। सहायक ने इस बात को मुनासिब नहीं समझा कि एक ज्ञानी गुरु से अपने भावी शिष्य को आकर मिलने के लिए कहा जाए। लेकिन प्रीतम ने उन्हें आश्वस्त किया कि वह गुरु का हृदय से स्वागत करेगा और उनकी गरिमा के अनुरूप उन्हें सम्मान करेगा। गुरु के पास जाना असुविधाजनक है वरना वह स्वयं गुरु के पास जाता।

इस प्रकार सहायक गुरु के पास गया और उनसे प्रीतम से मिलने के लिए अनुरोध किया। गुरु ने कहा, "यदि तुम्हारे बॉस को सच में अध्यात्म में रूचि है तो उन्हें मेरी छोटी–सी कुटिया में आकर ज्ञान प्राप्त करना होगा।"

सहायक ने प्रीतम को यह संदेश दे दिया। प्रीतम गुरु के आश्रम गए। जब सहायक गुरु को उनके आने की सूचना देने गया था तब प्रीतम बाहर प्रतीक्षा करते रहे। कॉरपोरेट संस्कृति में रचे–बसे प्रीतम को

लगा कि गुरु अथवा उनके शिष्य उनके स्वागत के लिए बाहर आएंगे। मगर ऐसा कुछ न होकर, उन्हें सीधे अंदर आने के लिए कहा गया।

उस घर के दरवाजे की ऊँचाई इतनी कम थी कि प्रीतम को सिर झुकाकर उससे अंदर जाना पड़ा। पहले कक्ष में अंधेरा था। उस कक्ष से गुजरते हुए वह अगले कक्ष में गया जहाँ पर गुरु विराजमान थे।

गुरु ने उनका स्वागत किया और उन्हें अपने शिष्य के रूप में स्वीकार कर लिया। प्रीतम अत्यंत प्रसन्न हुए। उन्होंने कहा, ''हे पूज्य गुरुदेव, मुझे आशा है कि मुझसे आकर मिलने के मेरे अनुरोध से आप नाराज नहीं हुए होंगे''

विचार-मंथन

1. गुरु ने क्या कहा?

नीचे दिए गए जवाब को देखने से पहले विचार-मंथन आपको स्वयं इस प्रश्न का जवाब सोचने के लिए प्रोत्साहित करता है।

जवाब

1. गुरु ने कहा, ''मैं विल्कुल ही नाराज नहीं हूँ। वास्तव में, मैंने तुम्हें अध्यात्मक का पहला पाठ पढ़ा दिया। यहाँ आकर तुमने सी.ई.ओ. होने के अपने अहंकार का त्याग कर दिया है। सिर झुकाने से तुमने दूसरों का सम्मान करना सीख लिया है और अंधेरे में रास्ते की खोजकर तुमने प्रकाश का महत्त्व समझा है।''

47

सुखी वैवाहिक जीवन का रहस्य

सोहन के माता–पिता उसके लिए एक योग्य वधू की तलाश में थे। अनेक बार वह सोचता रहता था कि सोहन का अपनी पत्नी से कैसा संबंध रहेगा। उसका भाई एक ज्योतिषी था और उसका वैवाहिक जीवन सफल था। उसकी पत्नी सदैव प्रसन्न एवं संतुष्ट रहती थी और अपने पति के पसंद के पेशे में सहयोग देती थी।

एक दिन किसी ने सोहन के लिए एक रिश्ता लेकर आया। वह लड़की की जन्म–कुंडली लेकर अपने भाई से यह पूछने गया कि क्या उसकी और लड़की की जन्म–कुंडली में मेल है।

उसके भाई ने कहा कि दोनों जन्म–कुंडलियों में मेल है और बात आगे बढ़ सकती है। वह लड़की से मिल सकता है। लेकिन अपने भाई के जवाब से सोहन संतुष्ट नहीं हुआ। उसने अपने पूछा, ''भैया, मुझे यह बताइए कि क्या हमारा वैवाहिक जीवन सुखी रहेगा?''

उसके भाई ने कहा, ''मुझे तुम्हारी कुंडली देखने से ऐसा नहीं लगता कि तुम्हारे वैवाहिक जीवन में कोई समस्या आने वाली है।'' फिर भी इस जवाब से सोहन खुश नहीं हुआ।

उसने आगे कहा, 'नहीं भैया, मैं चाहता हूँ कि आप मुझे यह खुलकर बताएं कि मेरा वैवाहिक जीवन आपकी तरह सुखी रहेगा कि नहीं।''

उसका भाई उसकी आँखों में देखा और कहा....

विचार–मंथन

1. उसके भाई का जवाब क्या था?
2. इस कहानी से हमें क्या शिक्षा मिलती है?

नीचे दिए गए जवाब को देखने से पहले विचार–मंथन आपको स्वयं इन प्रश्नों का जवाब सोचने के लिए प्रोत्साहित करता है।

जवाब

1. उसके भाई ने कहा, " वैवाहिक जीवन सुखी रह सकता है मगर इसके लिए तुम्हें हर रोज ध्यान देना होगा।"
2. हमारी सफलता–असफलता और सुख–दुख के लिए सितारों और ग्रहों को दोष नहीं दिया जा सकता है। यदि हमें किसी क्षेत्र, चाहे यह नौकरी, विवाह अथवा रिश्ते हो, में सुखी अथवा सफल रहना है तो हमें हर रोज इस पर ध्यान देना होगा।

48

भाग लो, भाग लो

एक व्यक्ति अपने मार्गदर्शक के पास सलाह लेने के लिए गए। मार्गदर्शक ने उनसे समस्या पूछा। उस व्यक्ति ने कहा कि यह अफवाह जोरों पर है कि उसके निवास स्थान के इलाके में साम्प्रदायिक संघर्ष होंगे। हालांकि पुलिस ने वहाँ के निवासियों की सुरक्षा का आश्वासन दिया है मगर कोई नहीं जानता कि क्या होगा। वह आदमी अपने परिवार की सुरक्षा को लेकर चिंतित था। उन्होंने पूछा, ''मान्यवर, मुझे क्या करना चाहिए?''

मार्गदर्शक ने कहा, ''क्या इस समस्या को सुलझाने की कोई तरकीव आपके पास है?''

उसने कहा, ''जी नहीं।''

इस पर मार्गदर्शक ने कहा, '' फिर भाग लो।'''

छः माह बाद वह अपने मार्गदर्शक से सलाह लेने आए। इस बार उन्होंने कहा कि उनके क्षेत्र में स्वाइन फ्लू का प्रकोप चल रहा है और बहुत–से लोगों को अस्पताल में भर्ती कराया गया है। अफरातफरी मची हुई थी। उस चिंतित व्यक्ति ने पूछा, ''मान्यवर, मुझे क्या करना चाहिए?''

मार्गदर्शक ने उनसे पूछा, ''क्या आपके पास इस समस्या के निदान का कोई उपाय है?''

उन्होंने कहा, '' जी हाँ, मैं मदद कर सकता हूँ। मैं लोगों में जागरूकता फैला सकता हूँ। मैं अपने दोस्तों के सहयोग से बीमार लोगों और उनके परिवार की मदद कर सकता हूँ। मैं धन दान कर

सकता हूँ जिससे लोग दवा खरीद सकें। .... मैं बहुत कुछ कर सकता हूँ।''

इस पर मागदर्शन ने जवाब दिया, ''फिर भाग लो।''

जब वह व्यक्ति चले गए तब उस मागदर्शक के सहयोगी ने उनसे पूछा, ''मान्यवर, आपने दोनों बार उस आदमी को भाग लेने के लिए क्यों कहा, खासकर दूसरी बार जब वह समस्या के निदान के लिए तैयार था।

विचार–मंथन

1. मागदर्शक ने क्या जवाब दिया?

नीचे दिए गए जवाब को देखने से पहले विचार–मंथन आपको स्वयं इस प्रश्न का जवाब सोचने के लिए प्रोत्साहित करता है।

जवाब

1. पहली बार मैंने उस व्यक्ति से भाग लेने यानी पलायन करने के लिए कहा क्योंकि उस समस्या के निदान के लिए उसके पास कोई उपाय नहीं था। लेकिन दूसरी बार मैंने उससे भाग लेने यानी समस्या के निदान में सहभागिता करने के लिए कहा क्योंकि समस्या के निदान के लिए उसके पास अनेक उपाय थे।

49
संबंधों को तटस्थ होकर पहचानें

छः माह पहले गोविन्द के माता और पिता को तलाक के कटु अनुभवों से गुजरना पड़ा। गोविन्द अभी पाँच बरस का था और वह अपने पिता के साथ रहता था। एक दिन जब स्कूल का बस पकड़ने के लिए सड़क पार कर रहा था तब वह एक कार से टकराकर दुर्घटनाग्रस्त हो गया। वह अचेत होकर गिर गया और बहुत ज्यादा खून बहने लगा। स्कूल प्राधिकारी ने उसके माता और पिता को फोन कर दिया।

यह खबर सुनते ही दोनों अस्पताल की ओर भागे। बेटे के दुर्घटनाग्रस्त होने की खबर से गोविन्द के पिता आहत थे मगर वह इस बात से और अधिक आहत थे कि स्कूलवालों ने उनकी पूर्व पत्नी को भी खबर दे दी है। उन्होंने अस्पताल में तूफान खड़ा कर दिया। उन्होंने स्कूल प्राधिकारी से पूछा कि गाविन्द के वैधानिक संरक्षक वह हैं तो उनलोगों की हिम्मत कैसे हुई कि उसकी माँ को इस संबंध में खबर की जाए। स्कूलवालों ने उन्हें बताया कि स्कूल को यह नहीं मालूम था कि उनके माता और पिता के बीच तलाक हो गया है। उसके बाद डॉक्टर ने आकर उन्हें डाँटा कि अस्पताल में तूफान नहीं मचाएं। उसके बाद वह शांत हो गए। गोविन्द की माँ एक कोने में चुपचाप खड़ी थी।

कुछ समय के बाद डॉक्टर ने आकर उन लोगों को बताया कि गोविन्द को तुरंत खून की जरूरत है। उसकी माँ तुरंत आगे बढ़कर आयी मगर वह उसके पिता की कठोर नजर को देखकर सहम गई। उसने कहा, "तुम मेरे बेटे के लिए मर चुकी हो।" उसने तुरंत अपना खून देने का प्रस्ताव दिया।

लेकिन डॉक्टर ने उससे कहा कि उसका खून गोविन्द से मेल नहीं खाता है। उसके बाद डॉक्टर ने कहा, ''लड़के की माँ कहाँ हैं? हमे उनसे खून देने के लिए कहना चाहिए। यदि आपका खून नहीं मिलता है तो उनका खून जरूर मिलेगा।'' फिर गोविन्द की माँ आगे बढ़ी मगर फिर उसके पिता ने कठोर नजरों से उसकी माँ की ओर देखा और कहा, '' मेरे बेटे से दूर रहो। हमलोग तलाकशुदा हैं और हमें एक–दूसरे से कुछ भी लेना–देना नहीं है।''

इसके बाद गोविन्द के पिता की बात सुनकर डॉक्टर के सब्र का पैमाना छलक लगा। उन्होंने उनसे कुछ बातें कहीं जिसके बाद उनका होश ठिकाना लग गया।

विचार–मंथन

1. डॉक्टर ने क्या कहा?

नीचे दिए गए जवाब को देखने से पहले विचार–मंथन आपको स्वयं इस प्रश्न का जवाब सोचने के लिए प्रोत्साहित करता है।

जवाब

1. डॉक्टर ने उनसे कहा, ''संबंधों को तटस्थ होकर पहचानें। मैंने आपकी पूर्व पत्नी को खून देने के लिए नहीं कहा है। हमने एक बच्चे की माँ को खून देने के लिए कहा है।''

50
अंतिम दर्शन

स्वाति की दादी माँ मरणासन्न थी। वह और उसके छोटे भाई दीदी के बगल में बैठकर दादी की चेतना वापस लौटने का इंतजार कर रहे थे। एक बार जब दादी होश में आयी तब वह स्वाति की ओर एकटक देखने लगी। दादी ने उससे पूछा कि कब दीपावली होगी। स्वाति ने दादी से कहा कि तीन–चार दिनों के बाद दिपावली होगी। दादी ने उससे पूछा कि प्रकाश कब आएगा और वह पुनः सो गई। प्रकाश स्वाति का बड़ा भाई था और वह अमरीका में रह रहा था। वह दीपावली के अवसर पर भारत आने वाला था।

स्वाति ने प्रकाश से दादी की हालत के बारे में बता दिया था और उसने स्वाति को आश्वासन दिया था कि वह यथाशीघ्र घर आ जाएगा। लेकिन जैसी परिस्थिति थी उसमें स्वाति को ऐसा नहीं लग रहा था कि उसका भाई दीपावली से पहले अथवा उस दौरान यहाँ वापस आ पाएगा।

जब ये सब छोटे थे तभी इनके माता–पिता की मृत्यु हो गई थी। दादी ने ही इन्हें पाल–पोसकर बड़ा किया था। दादी अत्यंत दृढ़ इच्छाशक्ति वाली महिला थी। प्रकाश उनका चहेता पोता था। जैसे ही वह इस लायक हुआ वैसे ही उसने परिवार की जिम्मेदारी उठा ली और जब उसे मौका लगा तो वह अमरीका भी चला गया क्योंकि उसे लगा कि इससे परिवार की आर्थिक स्थिति सुदृढ़ होगी। दादी ने अमरीका जाने में उसकी हौसला अफजाई की थी। मगर उसे प्रकाश की याद भी बहुत सताती थी।

अब दादी दीपावली का इंतज़ार कर रही थी .... ताकि आखिरी बार प्रकाश को देख सकें। उसने दादी से वादा किया था कि वह दीपावली में घर आएगा। वह मरने से पहले प्रकाश को देख लेना चाहती थी। लेकिन स्वाति को ऐसा होना नामुमकिन लग रहा था। हर रोज दादी की हालत बदतर होती जा रही थी।

प्रकाश ने बताया कि वह संभवतः दीपावली के एक दिन बाद आएगा। स्वाति ने दादी के कान में फुसफुसायी, ''दादी उनका इंतज़ार करो।''

स्वाति के मन में उन सभी दीपावली के अवसर घूमने लगे जबसे उनके माता–पिता चल बसे थे। दादी के घर पर दीपावली हमेशा एक खास अवसर हुआ करता था। जब उनके माता–पिता जीवित होते थे उस समय से भी बढ़–चढ़कर दीपावली दादी के यहाँ मनायी जाती थी। इस अवसर पर परिवार के सभी बड़े–बुजुर्ग से लेकर नौजवान तक एकत्र होते थे। दादी ने हमेशा यह सुनिश्चित की कि स्वाति और उसके भाइयों को कम–से–कम एक सेट नया कपड़ा मिले। मगर स्वाति को कभी यह याद नहीं है कि दादी ने इस अवसर पर अपने लिए नई साड़ी ली हो।

काफी समय के बाद प्रकाश ने जब कमाना शुरू किया तब उसे दादी के लिए नई साड़ी खरीदी। इससे दादी बहुत खुश हुई और उनकी आँखों में आँसू भर आए। उसने दादी से कहा, ''अगले साल मेरी पदोन्नति हो जाएगी और मैं आपके लिए इससे बेहतर साड़ी खरीद दूँगा।''

अब स्वाति यह आशा लगाए बैठी थी कि दादी की साँसें कुछ और टिकी रहे .... ताकि वह प्रकाश को देख सकें ..... उनके लिए जो खूबसूरत साड़ी आएगी उसे देख सकें।

दीपावली आयी और पूरा अस्पताल रोशनी, दीया, रंगोली और छोटे–छोटे दीपों से जगमगा उठा। छोटी दीपावली के दिन दूसरे मरीजों के साथ–साथ स्वाति के मन में भी आशा की किरण जगमगा उठी। दादी की आँखें खुलीं और वह क्षणभर के लिए जग गई। उन्होंने दीया और कमरे की सजावट पर ग़ौर किया और पूछा, ''क्या आज दीपावली है? प्रकाश कहाँ है?''

स्वाति ने उत्साहपूर्वक जवाब दिया, ''ओह दादी, वह बहुत जल्द यहाँ होंगे। पर्व–त्यौहार में कितनी भीड़ होती है, आप तो जानती ही हैं।''

दादी ने अपना सिर हिलाया और फिर अपनी आँखें मूँद लीं। वह दीपावली के अगले दिन फिर अपनी आँखें खोलीं और स्वाति ने उनसे कहा कि प्रकाश आते ही होंगे। वह दादी से कह नहीं पायी कि आज दीपावली का आखिरी दिन है।

छीपावली के अगले दिन भी प्रकाश नहीं आया। वह अपने शहर अगले दि नही पहुँच पाता। नर्स जो दीपावली मनाने अपने घर गई थी वह ड्यूटी पर वापस आ गई। वह कमरे से सजवाट एवं दीया को हटाने लगी।

उस समय तक स्वाति हताश हो गई थी। उसने नर्स को रोक दिया और अनुरोध किया, ''क्या आप सजावट तथा दीया को एक दिन और भी रहने दे सकती हैं?''

नर्स ने हामी भर दी मगर उसने पूछा, ''क्यों?''

विचार–मंथन

1. स्वति ने क्या जवाब दिया?

नीचे दिए गए जवाब को देखने से पहले विचार–मंथन आपको स्वयं इस प्रश्न का जवाब सोचने के लिए प्रोत्साहित करता है।

जवाब

1. स्वाति इस बात से चिंतित थी कि दादी यदि जग जाएगी और वह सजावट एवं दीया नहीं देखेगी तो समझ जाएगी कि दीपावली बीत गई और प्रकाश अभी तक नहीं आया। वह चिंतित थी कि दादी यह समझकर निराश हो जाएगी और जीने की इच्छा–शक्ति छोड़ देगी। इसलिए उसने नर्स से सजावट को ज्यों का त्यों छोड़ देने का अनुरोध किया। जब तक उसकी दादी माँ समझती रहेगी कि दीपावली है तब तक वह प्रकाश को देखने की इच्छा के कारण जीवित रहेगी जो कि अगले दिन पहुँचने वाला था।

51
गोद ली हुई संतान

रिया और उसके पति ने अपने बेटे के जन्म के एक साल बाद एक बच्ची को गोद लिया। हालांकि बच्चों को यह बात मालूम नहीं थी। मगर रिया जानती थी कि यही सही समय है जब बच्चों को इस बारे में बता दिया जाए क्योंकि ये अभी किशोरावस्था में हैं। वह इस बात से चिंतित थी कि उसके पति और वह जब तक उन्हें इस बारे में बताएं उससे पहले कोई दूसरा उन्हें इस बारे में बता देंगे तो बच्चे इस बात को गलत रूप में ले लेंगे।

जिस अनहोनी की उसे अंदेशा था वह एक दिन हो ही गई। एक समारोह में रिया की चचेरी बहन ने कह ही दिया, ''यह सही ही है कि तुम अपनी माँ की तरह सुंदर नहीं हो। तुम एक गोद ली हुई संतान हो। तुम्हारा भाई तुम्हारे पिता पर गए हैं और उन्हीं की तरह सुंदर हैं।''

रिया की बेटी को झटका लगा और उसके बेटे को आश्चर्य हुआ। वह नहीं जानती थी कि उसकी चेहेती छोटी गोद ली हुई बच्ची है। उसके समझ नहीं आ रहा था कि कैसी प्रतिक्रिया व्यक्त करूं। इसी बीच रिया की बेटी को इतना दुख हुआ कि वह लगातार रोए जा रही थी।

रिया जानती थी कि यही सही वक्त था जब बच्चों को गोद लेने के बारे में बता दिया जाए। वह जानती थी कि उनलोगों को इस बारे में सतर्क रहना चाहिए ताकि उसकी बेटी का विश्वास उनके प्रति टूट न सके और उसके भाई का व्यवहार अपनी बहन के प्रति नहीं बदले। काम बहुत कठिन था।

जैसे ही उसके पति और वह बच्चों के साथ बातचीत करने के लिए बैठे तो बच्ची शांत हो ही नहीं हो पा रही थी। उसने अपने पिता से पूछा, "क्या यह सच है कि मैं एक गोद ली बच्ची हूँ?"

उसने जवाब दिया, "हाँ बेटा।"

उसने रोते हुए कहा, "आप जानते हैं कि उस मौसी ने मेरे बारे में क्या कहा? मैं अपनी माँ जैसी सुंदर नहीं हूँ क्योंकि मैं उनकी बेटी नहीं हूँ। अब इस वजह से लोग मुझे नफरत भरी निगाहों से देखेंगे। आपको जब एक बेटा पहले से था तब आपने मुझे गोद क्यों लिया?"

उसके पिता के जवाब से उसके चेहरे पर मुस्कान लौट आयी।

विचार–मंथन

1. उसके पिता ने उससे क्या कहा?

नीचे दिए गए जवाब को देखने से पहले विचार–मंथन आपको स्वयं इस प्रश्न का जवाब सोचने के लिए प्रोत्साहित करता है।

जवाब

1. उसके पिता ने कहा, " हमारा अपना बच्चा ईश्वर की मर्जी से दिया हुआ उपहार है और तुम मेरे लिए ईश्वर से मांगकर लिया हुआ उपहार हो।"

52
मुझे पीना है

टिना के माता–पिता ने अपने घर पर एक पार्टी आयोजित की थी। इस पार्टी को लेकर टिना उत्साहित थी। इस पार्टी में खाने–पीने की लजीज वस्तुएं होंगी, वह अपना सबसे बढ़िया पार्टी फ्रॉक पहनेगी, नई सैंडल उस पर कितना अधिक फबेगा। उसकी माँ ने सोचा, " टिना बहुत तेजी से बढ़ रही है।"

टिना ने देखा कि पार्टी में उसके पिता जी और उसके चाचाओं ने किसी पीले पेय पदार्थ का सेवन किया है। इस पेय पदार्थ के कुछ घूँट लेने के बाद उसके एक अंकल बहुत अधिक बोलने लगे थे। हालांकि महिलाएं और उनके बच्चे इस पदार्थ को हाथ नहीं लगा रहे थे। ऐसे में, इस पेय के प्रति टिना की जिज्ञासा बढ़ गई। वह सोच रही थी, "मुझे इसे जरूर चखना चाहिए।"

पार्टी के अगले दिन उसने देखा कि उस पेय पदार्थ की एक बड़ी बोतल फ्रिज में रखी हुई है। वह उत्साहित थी। उसने अपनी माँ से पूछा, " मम्मी, इस पीली बोतल में क्या है?"

"बिटिया रानी, यह आपके मतलब की चीज नहीं है। यह आपके पापा के मतलब की चीज है।"

टिना अपने पापा से कहने लगी, " पापा, मैं यह पीली शरबत मैं चखना चाहती हूँ। मैंने देखा कि कल आप सबने इसे पीया था।"

उसके पिता झल्ला गए। " बेटा, यह आपके मतलब की चीज नहीं है। क्या आपने ग़ौर नहीं किया कि इसे न तो आपकी मम्मी ले रही थी और न ही आपके दोस्त?"

टिना ने थोड़ी देर तक सोचा। वह फिर से जिद करने लगी, ''नहीं, मगर मुझे लेना है।'' उसके पिता ने मना कर दिया। इसके कारण रात में भोजन के समय तक बहस होती रही। जब अपने पिता के सामने टिना की एक न चली तब उसकी माँ ने कहा, ''तो ठीक है। टिना, तुम्हें यह मिलेगा।''

उसके पिता भौंचक्का रह गए। टिना की माँ ने मुस्कुराते हुए काम किया।

''तुमने बच्ची की बात क्यों मान ली?'' उसके पिता ने गुस्से में उसकी माँ से पूछा।

वह बोली, ''इंतजार करो। सब कुछ मालूम हो जाएगा।''

विचार-मंथन

1. टिना की माँ टिना को पीला पेय पदार्थ देने के लिए क्यों सहमत हो गई?
2. टिना ने जब वह पेय लिया तब क्या हुआ?

नीचे दिए गए जवाब को देखने से पहले विचार-मंथन आपको स्वयं इन प्रश्नों का जवाब सोचने के लिए प्रोत्साहित करता है।

जवाब

1. एवं 2 : टिना ने उस पेय की एक घूँट मुँह में ली और उसे उलटी कर दी। उसने ग्लास में बचे शेष पेय को सिंक में उड़ेल दी। टिना की माँ जानती थी कि वह ऐसा ही करेगी। इसीलिए वह टिना को वह पेय देने पर सहमत हो गई थी। चूँकि टिना की जिज्ञासा एक बार शांत हो गई, इसलिए वह दुबारा उस पेय को लेने में दिलचस्पी नहीं दिखाएगी। वह इसे फिर कभी नहीं मांगेगी। मगर वे लोग यदि टीना को वह पेय देने से इंकार कर दिए होते तो वह इसे पाने के लिए पीछे पड़ी रहती।

53
अलग जवाब

एक बार एक गुरु ने अपने शिष्यों की परीक्षा लेने का निर्णय लिया। उन्होंने उनमें से प्रत्येक को केले दिए। उन्होंने उन सबसे कहा कि इस केले को उस स्थान में खाएं जहां उन्हें कोई देख न सकें।

उस फल को खाने के लिए सभी शिष्य दूर–दूर तक गए। कोई कमरे में बंद हो गया। कोई दूर खेतों में गया और जमीन के अंदर चला गया। अपने–अपने केले खाने के बाद सभी शिष्य वापस आ गए।

केवल एक शिष्य बिना केला खाए वापस आ गया। गुरु ने उससे पूछा, " वत्स क्या तुम्हें ऐसी कोई भी वीरान जगह नहीं दिखी जहां तुम इस फल को खा सको?"

उस शिष्य के जवाब से गुरु के सामने यह स्पष्ट हो गया कि वह दूसरों से अलग है।

विचार–मंथन

1. शिष्य का क्या जवाब था?

नीचे दिए गए जवाब को देखने से पहले विचार–मंथन आपको स्वयं इस प्रश्न का जवाब सोचने के लिए प्रोत्साहित करता है।

जवाब

1. शिष्य ने जवाब दिया, ''गुरु जी, मैं जहां कहीं भी गया वहां देखा कि मेरी खुद की नजरें इसे देख रही थीं। इसलिए मैंने केले नहीं खाए।''

54
नेत्रहीन ट्यूटर

एक दुर्घटना में सुशांत की दृष्टि चली गई। उसके बगल में बैठे माता–पिता चिंतित थे। डॉक्टर ने उन्हें कह दिया कि सुशांत अब कभी भी देख नहीं सकेगा।

सुशांत ने अचानक महसूस किया कि अब वह बिना किसी की मदद के चल नहीं सकेगा। आठ साल के बच्चे के लिए यह हताश करने वाली खबर थी। एक ही झटके में उसकी व्यस्त जिंदगी ठमक गई। जिदंगी में उसे जो कुछ था वह छिन गया – स्कूल, दोस्त, खेल–कूद, पढ़ाई, अवसर .... सब कुछ। जीने में उसकी दिलचस्पी समाप्त हो गई थी। तब उसके पिता को आर्य जी के बारे में पता चला।

आर्य जी एक एक नेत्रहीन विद्वान थे। उन्होंने नेत्रहीन लोगों के लिए विद्यालय खोल रखी थी। वे ऐसे छात्रों को दैनिक जीवन के कार्य–कलाप संपन्न करने से लेकर पाठ और अध्ययन तक सब कुछ सिखाते थे। सुशांत के पिता ने आर्य जी से अनुरोध किया कि वह उसे अपना छात्र बना लें जिससे उसके अंदर जीवन के प्रति फिर से दिलचस्पी जग जाए।

आर्य जी ने सुशांत के पिता से कहा कि वह अगले दिन सुशांत से मिलने के लिए उसके घर पर आएंगे। सुशांत के पिता ने कहा कि वह उन्हें अपने घर ले जाने के लिए आएंगे। इस पर आर्य जी मुस्कुराने लगे।

अगले दिन आर्य जी सुशांत से मिलने के लिए नियत समय पर आ गए। वह बालक निरानंद रूप से अपनी आँखें ऊपर किए हुए था। आर्य जी ने उससे कहा, ''मेरे बच्चे, नेत्रहीन होने का मतलब असहाय

होना नहीं होता है। जिन के पास दृष्टि होती है, उनके पास भी जीवन दृष्टि नहीं होती है। उनमें से बहुत–से लोग उन चीजों को नहीं देख सकते हैं जिसे एक नेत्रहीन देख लेता है। स्पष्ट सोच, तर्कपूणर्स चिंतन पद्धति और ध्वनि की पहचान का उतना ही महत्व है जितना कि दृष्टि का। एक बार जब तुम इन चीजों का उपयोग सीख जाओगे तब तुम एक सामान्य व्यक्ति की तरह व्यहार करने लगोगे।''

सुशांत उलझन में पड़ गया। उसने पूछा, ''यह कैसे संभव है?'' उसी समय उसकी माँ आ गई। पहले कुछ खा लो। मैंने तुम्हारे लिए घवन बनाया है। घवन डोसा अथवा इडली जैसा ही एक खाद्य पदार्थ है।

आर्य जी ने सुशांत से कहा, ''अब मैं तुमसे कहूँगा कि तुम्हार माँ ने कितने घवन बनाई है तो क्या तुम मेरे पर विश्वास करो कि बिना देखे हुए कोई इस दिशा में कैसे सामान्य आदमी की तरह बता पाएगा?''

सुशांत ने कहा, ''हाँ, पूछ सकता हूँ।''

आर्य जी सुशांत सही संख्या बता दी कि जितना उसकी माँ ने घवन बनाया था। सुशांत को हैरानी होने लगी। उसने पूछा, ''बिना देखे ही आप यह कैसे जान गए?''

विचार–मंथन

1. आर्य जी ने कैसे जान लिया कि सुशांत की माँ ने कितने घवन बनाए हैं?

नीचे दिए गए जवाब को देखने से पहले विचार–मंथन आपको स्वयं इस प्रश्न का जवाब सोचने के लिए प्रोत्साहित करता है।

जवाब

1. जब तुम्हारी माँ ने तवा पर घवन के गिली लोई को फैलाया उस समय छन्न से आवाज हुई। आर्य जी देख नहीं सकते थे मगर

उन्होंने अपनी श्रवण शक्ति का उपयोग करते हुए जान लिया कि उसकी माँ ने कितने घवन बनाए। उन्होंने बिना देखे ही श्रवण–शक्ति के आधार पर यह बात जान ली।

55
मैरी क्रिसमस

उस साल के क्रिसमस में थॉमस को खुशी नहीं थी। उसकी पत्नी के बिना उसका यह पहला क्रिसमस था। उसकी पत्नी उसे और उसकी पाँच साल की बच्ची लाविना को छोड़कर इस संसार से चल बसी। थॉमस के लिए पत्नी के बिना यह क्रिसमस असहनीय पीड़ादायी लग रहा था। इसके साथ उसकी नौकरी भी छूट गई थी।

वह अपने गम में गमगीन था। मगर लाविना उससे अनेक प्रश्न पूछते रहती थी जिसका जवाब थॉमस नहीं देता था। कुछ समय बाद वह लाविना की अनदेखी करने लगा।

थॉमस की माँ क्रिसमस के मौके पर उसके साथ रहने के लिए आयी थी। उसने लाविना की खुशी के लिए क्रिसमस वृक्ष की व्यवस्था की।

क्रिसमस के दिन लाविना अपने पिता को मैरी क्रिसमस की शुभकामना देने गई। उसका पिता गुर्राया। उसने अपने पिता को सुनहले रंग के कागज में लपेटा हुआ एक बक्सा दिया और कहा, ''पापा, यह आपके लिए क्रिसमस उपहार है।''

इससे थॉमस को गुस्सा आ गया। उसने सोचा, ' क्या इसके लिए लाविना ने दादी से पैसे लिए हैं?' साथ उसने मुस्कुराते हुए वह बक्सा लाविना के हाथ स`ले लिया। उसने बक्से को खोला और देखा कि बक्सा तो खाली है।

उसके बाद उसने अपना आपा खो दिया। '' यह तुमने क्या किया, क्रिसमस के दिन मुझे अप्रैल फूल वाला उपहार दिया।''

लाविना की आँखों में आँसू आ गए। उसने कहा.......

विचार-मंथन

1. उस बक्से में क्या था?
2. इस कहानी से क्या शिक्षा मिलती है?

नीचे दिए गए जवाब को देखने से पहले विचार–मंथन आपको स्वयं इन प्रश्नों का जवाब सोचने के लिए प्रोत्साहित करता है।

जवाब

1. लाविना ने कहा, ''पापा, यह बक्सा खाली नहीं है। इसमें मेरा प्यार भरा हुआ है।''
2. हम ईश्वर की कृपा को नहीं देख पाते हैं हम सिर्फ उसके लिए गमगीन रहते हैं जिसे हमने खोया है। थॉमस को एक बेटी थी जो उसे बिना शर्त प्रेम करती थी। मगर उसने उसके प्यार की अनदेखी की और अपनी पत्नी के वियोग में गमगीन बना रहा।

56
अतिथि देवो भवति

शंभु अपने मामा गाँव जा रहा था। चूँकि वह वहाँ पर किसी को नहीं जानता था, इसलिए उसकी माँ ने उससे कहा था कि यदि उसे रात में ठहरना पड़े तो वह अपने मामा के दोस्त रामलाल से मिलने के लिए, जो कि गाँव में रह रहा था।

शंभु शाम में अपना काम पूरा करके यह निर्णय लिया कि रात में रामलाल के घर में ठहर जाएगा। जब रामलाल के घर में पहुंचा तो उसने उसका स्वागत किया। रामलाल का घर मिलाजुलाकर झोपड़ी जैसा ही था। वे लोग लालटेन जलाकर बैठे हुए थे। कुछ समय के बाद रामलाल की पत्नी ने शंभु के लिए एक थाली में सब्जी, दाल, चावल और चपाती लेकर आयी। इसके बाद रामलाल ने अचरज में डालने वाला एक काम किया। उसने लालटेन बुझा दिया और शंभु से कहा, ''मुझे उम्मीद है कि खाते समय तुम्हें प्रकाश की जरूरत नहीं पड़ेगी।'' इस शंभु ने कुछ नहीं कहा।

उसके बाद रामलाल की पत्नी ने उसके लिए थाली में खाना परोसकर लायी। वे खाने लगे। हालांकि खाना स्वादिष्ट था मगर प्रकाश के अभाव में खाते समय शंभु खुद को असहज महसूस कर रहा था। मगर उसने अपने मेजबान से कुछ नहीं कहा। उसने रामलाल को खाते समय आवाज करते हुए सुना था।

अगले दिन विदा होते समय उसने मेजबानी के लिए रामलाल को धन्यवाद दिया। इस रामलाल ने कहा, ''अरे नहीं, तुम तो मेरे लिए अपने बेटे जैसे हो। तुम्हारा हमेशा स्वागत है।'' इसके बाद शंभु अपने घर वापस लौट आया।

कुछ दिनों के बाद उसका मामा उससे मिलने के लिए आया। उसे आश्चर्य हुआ जब शंभु ने उससे कहा कि वह रामलाल के यहाँ ठहरा था। उन्होंने शंभु से पूछा, " क्या उसने रात में तुम्हें खाना खिलाया?"

शंभु ने कहा, "जी हाँ, बहुत स्वादिष्ट खाना था।"

मामा ने पूछा, " क्या रामलाल तुम्हारे साथ खाना खाया?"

" जी हाँ, उन्होंने खाना खाया। जब हमलोग खाना खा रहे थे तब उन्होंने अपना लालटेन बंद कर दिया। अंधेरे में खाना मेरे लिए बहुत ही कठिन था। मैं समझ नहीं पा रहा हूँ कि भला अपने अतिथि के साथ भला कोई ऐसा व्यवहार करता है क्या!"

इस पर शंभु के मामा ने कहा, " अच्छा तो यह होता कि तुम रामलाल के घर पर नहीं ठहरते। क्या तुम्हें नहीं पता चला कि उसने लालटेन क्यों बुझा दी?"

विचार–मंथन

1. रामलाल ने लालटेन क्यों बुझा दी?

नीचे दिए गए जवाब को देखने से पहले विचार–मंथन आपको स्वयं इस प्रश्न का जवाब सोचने के लिए प्रोत्साहित करता है।

जवाब

1. रामलाल नहीं चाहता था कि उसके अतिथि को मालूम हो कि उसके पास पर्याप्त भोजन नहीं है। इसलिए उसने खाते समय लालटेन बुझा दी। उसके अतिथि को पर्याप्त भोजन मिला जबकि उसे अपने लिए बहुत थोड़ा भोजन बचा। शंभु की सोच के विपरीत रामलाल ने अतिथि देवो भव के सिद्धांत का पालन किया और अपने अतिथि को देवता के समान मानकर उसका स्वागत किया।

57
मेरी माँ के बिना नहीं

आकांक्षा की माँ बीमार थी। वह सत्तर साल की हो गई थी और डॉक्टर ने उनसे कहा कि वह कमजोर होती जा रही है।

आकांक्षा ने निर्णय लिया कि वह अपनी माँ की तंदुरूस्ती के लिए हर संभव प्रयास करेगी। वह एक कंपनी में वरिष्ठ लेखापाल के रूप में काम कर रही थी। उसने प्रबंधन से कहा कि उसे घर से काम करने की अनुमति दी जाए। उसने कार्यालय कार्य, घर के कार्य और माँ की देखभाल हर रोज परिश्रम के साथ करती थी। फिर भी वह मुस्कुराते रहती थी और कभी शिकायत नहीं की कि कठिन परिस्थिति से गुजर रही है।

एक बार उसके कार्यालय के सहकर्मी उससे मिलने के लिए उसके घर आए। उन सबने देखा कि सारे काम को वह कितने संघर्ष के साथ पूरा कर रही थी और इसमें वह कितना थक जाती थी। उनमें से एक ने पूछा, "ये सब तुम अपनी माँ के लिए कर रही हो। मगर अपने बारे में क्या सोच रही हो? तुम्हारी अपनी बातों का क्या, तुम्हारी निजी जीवन का क्या?"

विचार-मंथन

1. आकांक्षा ने क्या कहा?

नीचे दिए गए जवाब को देखने से पहले विचार-मंथन आपको स्वयं इस प्रश्न का जवाब सोचने के लिए प्रोत्साहित करता है।

जवाब

1. आकांक्षा ने कहा, "मेरा पहला कर्तव्य है अपनी माँ की देखभाल करना। मेरी ज़िंदगी और आज जो कुछ मैं हूँ वह मेरी माँ की देन है। यदि वह मुझे अनाथालय से नहीं लायी होती तो आज जो ज़िंदगी मैं जी रही हूँ, वह मुझे नसीब नहीं होती।"

58
प्राणी

एक बार एक शिक्षक अपने छात्रों से बता रहा था, '' हमारे अंदर दो प्रकार के प्राणी रहते हैं। इनमें से पहला है दुष्ट जो कि गुस्सा, घृणा, ईर्ष्या, दुख, अहंकार एवं पाप का प्रतिनिधित्व करता है। दूसरा प्राणी जो है वह भला है और वह प्रेम, आनंद, शांति, आशा, दया आदि का प्रतिनिधित्व करता है। इन दोनों प्राणियों के बीच लगातार संघर्ष चलते रहता है।''

एक छात्र ने पूछा, '' सर, इनमें जीत किसकी होती है?''

विचार-मंथन

1. शिक्षक का जवाब क्या था?

नीचे दिए गए जवाब को देखने से पहले विचार-मंथन आपको स्वयं इस प्रश्न का जवाब सोचने के लिए प्रोत्साहित करता है।

जवाब

1. शिक्षक ने जवाब दिया, ''हम जिस प्राणी के आगे चारा डालते हैं।''

59
बोलो

स्वतंत्रता सेनानी बाल गंगाधर तिलक या लोकमान्य तिलक ने ब्रितानी शासन के विरुद्ध अपने संपादकीय आलेख, "क्या सरकार नासमझ हो गई है?" के माध्यम से गर्जना करके ख्याति प्राप्त की।

बचपन से ही अपने आत्मविश्वास और बेबाकी सोच के कारण उनकी प्रसिद्धि थी। उनके विद्यालय के दिनों में उनके सहपाठियों ने मूंगफली खाकर उसके छिलके फर्श पर फेंक दिए। बाद में जब शिक्षक कक्षा में आए तो उन्होंने फर्श पर मूंगफली के छिलके बिखरे हुए देखे। उन्होंने पूछा कि इस हरकत के पीछे किसका हाथ है।

किसी ने इसकी जिम्मेदारी नहीं ली। तब शिक्षक ने सभी छात्रों को दंडित करने का निर्णय लिया। उन्होंने सभी छात्रों को एक पंक्ति खड़ा होने का आदेश दिया और उनकी हथेली पर डंडे से प्रहार करने लगे। जब तिलक की बारी आयी तो शिक्षक ने उनसे हथेली आगे करने के लिए कहा मगर तिलक ने इंकार कर दिया। उन्होंने शिक्षक से कहा कि दंड स्वीकार नहीं करेंगे।

विचार-मंथन

1. दंड नहीं स्वीकार करने के पीछे तिलक ने क्या तर्क दिया?
2. शिक्षक ने तिलक की बात क्यों स्वीकार की?
3. इस कहानी से क्या शिक्षा मिलती है?

नीचे दिए गए जवाब को देखने से पहले विचार–मंथन आपको स्वयं इन प्रश्नों का जवाब सोचने के लिए प्रोत्साहित करता है।

जवाब

1. तिलक निर्भीक थे क्योंकि उन्होंने कुछ भी गलत नहीं किया था। उन्होंने आत्मविश्वास के साथ शिक्षक से कहा कि उन्होंने न तो मूंगफली खायी है और न ही इसके छिलके फर्श पर फेंके हैं। इसलिए वह दंड स्वीकार नहीं करेंगे। उनके आत्मविश्वास ने उन्हें परिस्थिति से जूझने में मदद किया और उनके शिक्षक को यह मानना पड़ा कि वह निर्दोष हैं।

2. शिक्षक ने उनके आत्मविश्वास की सराहना की और महसूस किया कि वह उन्हें दंडित करके गलत करने जा रहा था।

3. तिलक के बचपन की यह घटना हम सबके लिए आज भी प्रेरणादायी है। आप जो गलती नहीं किए हैं उसके लिए आपको दंड स्वीकार नहीं करना चाहिए। लेकिन ऐसा करने के लिए आपको तिलक जैसा आत्मविश्वास और बोलने का साहस चाहिए तथा इसका जो भी परिणाम हो उसका सामना करने के लिए तैयार भी रहना चाहिए।

60
धूलकण

आत्म–मुग्ध होकर हरि ने कहा, ''मैं सर्वश्रेष्ठ!'' उसने उस साल अद्‌भुत कार्य किया था और उसे पदोन्नति करके सी.ई.ओ. बना दिया गया। उसने ऊपर निहारते हुए विस्मय भरे अंदाज़ में कहा, ''अब मुझे कोई भी परास्त नहीं कर सकता! मैंने इसे अपने बदौलत किया है। इसका श्रेय कोई दूसरा नहीं ले सकता है।''

उसकी माँ ने कहा, '' ठीक है, बेटे। मगर अपनी उपलब्धि पर इतना गुमान नहीं करो। इंसान को विनम्र होकर रहना चाहिए। नियति हमें अपने लक्ष्य तक पहुंचने के लिए अपने तरीके से मदद करती है।''

''मम्मा, आपकी इस नियति ने मेरी कोई भी सहायता नहीं की है। कुछ भी नहीं। आज मैं जो कुछ हूँ उसके लिए मैंने अपना खून–पसीना एक किया है।'' उसकी माँ उसे गंभीर रूप से देखती रही मगर कुछ नहीं बोली।

हरि पन्द्रहवें तल स्थित अपने घर की बालकनी खड़ा होकर समंदर को निहार रहा था। उसने सोचा कि ऐसा नहीं है। उसकी माँ गलत बोल रही थी। मैंने खुद के बल पर यह सब हासिल किया है। निस्संदेह उसकी माँ यह जानती थी। अब उसे कोई नहीं हरा सकता। भगवान, तुम भी नहीं।'' उसने आसमान की ओर देखते हुए कहा। वही आसमान जो उसकी ओर प्रेमभरी निगाहों से देख रहा था।

उसका मस्तक ऊँचा उठा हुआ था। उसने सोचा, '' मेरी सफलता में सहायता करने का श्रेय मैं आपको नहीं देने जा रहा हूँ। ने तो आपने सफलता में मेरी सहायता की और न ही आप मुझे असफल कर सकते हैं।

ऐसा लगा कि हरि को जवाब देने के लिए हवा का एक झोंका चला और धूलकण उसकी आँखों में आ गए। दस मिनटों तक हरि बैठकर उस धूलकण को निकालते रहा और उसका सिर नीचे झुका रहा।

विचार-मंथन

1. इस कहानी से क्या शिक्षा मिलती है?

नीचे दिए गए जवाब को देखने से पहले विचार-मंथन आपको स्वयं इस प्रश्न का जवाब सोचने के लिए प्रोत्साहित करता है।

जवाब

1. इंसान कितनी भी बड़ी उपलब्धि क्यों न कर ले उसे कभी नहीं समझना चाहिए वह भगवान से बड़ा है। हमारे जीवन और उसकी उपलब्धि में उनकी कृपा अवश्य रहती है। हम जो कुछ हासिल करते हैं उसमें उन्हीं की मर्जी होती है। हमारे अहंकार को तोड़ने में उन्हें एक क्षण भी नहीं लगेगा।

61
भोलापन सुखदायी

आकाश विज्ञान में निपुण था। उसने इस विषय में सब कुछ पढ़ रखा था और अपने शिक्षकों तथा माता–पिता से लगातार प्रश्न पूछते रहता था।

एक दिन जब वे लोग जीवविज्ञान का अध्ययन कर रहे थे तब उसे भौंरे के बारे में एक दिलचस्प तथ्य का ज्ञान हुआ। उसके शिक्षक ने कहा कि भौंरें के शरीर एवं पंख की बनावट ऐसी है जिसे देखते हुए यह कहा जा सकता है कि तकनीकी रूप से उसका उड़ना मुश्किल है। लेकिन वह उड़ता है।

इससे आकाश उलझन में पड़ गया और उसने निर्णय लिया कि वह भौंरे की उड़ान के बारे में इंटरनेट पर खोज करेगा। विद्यालय में उसने जो सीखा था उसके बारे में घर आकर उसने अपने माता–पिता और छोटे भाई से चर्चा की।

आकाश ने कहा, ''मुझे आश्चर्य हो रहा है कि जब भौंरे के शरीर एवं पंखों की संरचना को देखते हुए उसका उड़ना असंभव जान पड़ता है मगर फिर भी वह उड़ लेता है।''

उसके छोटे भाई ने तुरंत जवाब दिया....

विचार-मंथन

1. उसके छोटे भाई ने क्या कहा?
2. इस कहानी से क्या शिक्षा मिलती है?

नीचे दिए गए जवाब को देखने से पहले विचार-मंथन आपको स्वयं इन प्रश्नों का जवाब सोचने के लिए प्रोत्साहित करता है।

जवाब

1. छोटे भाई ने कहा, "भौंरा उड़ लेता है क्योंकि वह इस तथ्य से अनजान है।"
2. हमारी तथाकथित सीमाएं हम पर तब लागू होती हैं जब हम उनके बारे में जानते हैं। जब हम नहीं जानते कि इन सीमाओं का अस्तित्व है तो हम उनसे प्रभावित नहीं होते हैं।

62
तनकर खड़ी रहो

लक्ष्मी अपनी उम्र के बच्चों की तुलना में लम्बी थी। जब उसने किशोरावस्था में प्रवेश किया तब उसकी माँ उसे डाक्टर के पास ले गई। उसने पूछा कि क्या लक्ष्मी को कोई समस्या है और वह कितनी लम्बी होगी।

मगर इससे लक्ष्मी का आत्मविश्वास बहुत डिग गया। साथ ही उसके माता–पिता दूसरे शहर में चले गए जहाँ पर उसे नए सहपाठियों के साथ तालमेल बैठाना पड़ता था। दूसरों की तुलना में बहुत लम्बी होने के कारण सहपाठियों ने उसका नाम 'गगनचुम्बी' रख दिया। इससे बचने के लिए वह झुककर चलने लगी। मगर उसकी वर्गशिक्षक उसे यह कहकर डाँटते रहती थी, "तनकर चलो लड़की। अपना सिर ऊँचा रखो।"

एक बार व्यक्तित्व विकास कक्षा के दौरान वर्गशिक्षक ने सबसे पूछा कि उनका लक्ष्य क्या है। जब उसने लक्ष्मी से पूछा तो सब उस पर हँसने लगे। किसी ने टिप्पण की, "वह गगनचुम्बी बनना चाहती हैं।" लक्ष्मी सहम गई और उसकी आँखों से आँसू छलक पड़े।

शिक्षक एक मिनट तक पूरी कक्षा को देखती रही और फिर बोली, "मैं तुमलोगों को बताती हूँ कि लक्ष्मी का लक्ष्य क्या है। इसका लक्ष्य है ....

शिक्षक की बात सुनकर पूरा क्लास भौंचक्का रह गया। लक्ष्मी ने अपनी आँसू पोंछ ली और तनकर खड़ी हो गई और अपनी गर्दन सीधी कर ली.....

विचार-मंथन

1. शिक्षक ने क्या कहा?

नीचे दिए गए जवाब को देखने से पहले विचार-मंथन आपको स्वयं इस प्रश्न का जवाब सोचने के लिए प्रोत्साहित करता है।

जवाब

1. शिक्षक ने सबसे कहा कि लक्ष्मी एक सुपरमॉडल बनेगी। उसने कहा कि लम्बी महिलाएं कपड़ा अच्छी तरह से पहनती हैं और यही वजह है कि सुपरमॉडल के लिए लम्बाई जरूरी है। ऐसा कहकर उन्होंने छात्रों को यह महसूस करवाया कि लम्बा होने में कोई बुराई नहीं है। लक्ष्मी का उपहास उड़ाना कोई अच्छी बात नहीं है बल्कि लम्बाई के कारण उसे जो लाभ मिलेगा वह लाभ दूसरों को नहीं मिलेगा।

63
जैम की एक छोटी बोतल

सविता एक धनी व्यवसायी की पत्नी थी। वह लोगों की बहुत ख्याल रखती थी। वह सुनिश्चित करती थी कि उसके यहाँ जो आए उसका स्वागत अच्छी तरह से हो और उन्हें उनकी पसंद का भोजन कराया जाए। वह गरीबों को मदद करने में भी यकीन करती थी और उन्हें भोजन अथवा पैसे देकर मदद किया करती थी। उसने अपनी बेटी को भी ऐसी ही शिक्षा दी। वह रसोई भी बहुत अच्छा बनाती थी और हर मौसम के हिसाब से जैम बनाती थी। इन सबसे वह अपने दोस्तों और सगे–संबंधियों के बहुत लोकप्रिय थीं।

कुछ वर्षों के बाद उनके बुरे दिन आ गए। उनके पति का करोबार बंद हो गया। उन्हें अपना बंगला बेचना पड़ा और एक बहुत ही छोटे मकान में जाना पड़ा। उसके पति को एक छोटी कंपनी में काम करना पड़ा। उनलोगों को अपने साप्ताहिक पगार पर ही गुजर–बसर करना पड़ता था। उन्हें उतरन पहनकर और रूखी–सूखी खाकर काम चलाना पड़ता था। फिर भी सविता मुस्कुराते रहती थी।

एक दिन सविता अपने पति के लौटने का इंतज़ार कर रही थी। वह जो पगार घर में लाता उससे वह अगले सप्ताहभर की सब्जी–भाजी खरीदती। आज उनलोगों को जैम की अंतिम बोतल से ही काम चलना पड़ता।

उसी दिन उसके बेटी जब स्कूल से लौटी तो बोली कि आज सभी गरीबों के लिए भोजन एवं पैसे जमा कर रहे हैं और सभी बच्चों से कुछ–न–कुछ योगदान करने के लिए कहा गया है।

सविता गुस्से में आ गई। उसे अपने आप पर खीझ होने लगी कि आज उसे अपनी बेटी को देने के लिए कुछ भी नहीं है। वह रोने लगी, "आज क्या हमलोगों से भी अधिक गरीब कोई है? आज हमारे पास गरीबों को देने के लिए कुछ भी नहीं है और क्योंकि हमलोग भी उन्हीं में से एक हैं। मेरी बेटी को यह महसूस होने दें कि आज हमारे पास किसी को देने के लिए कुछ भी नहीं है।"

उसकी सासु ने कहा, "अपनी आवाज नीची रखो। अपने पास जो जैम की अंतिम बोतल है वह अपने बेटी को दे दो ताकि वह गरीबों को अपनी ओर से योगदान दे सके।"

विचार–मंथन

1. सविता की सासु ने ऐसा क्यों कहा?

नीचे दिए गए जवाब को देखने से पहले विचार–मंथन आपको स्वयं इस प्रश्न का जवाब सोचने के लिए प्रोत्साहित करता है।

जवाब

1. सारी ज़िंदगी सविता की बेटी को यह सिखाया गया कि उसे समाज के लिए कुछ करना है। अब यदि इस मोड़ पर सविता उसे यह कहती कि वे लोग खुद इतने गरीब हैं कि किसी दूसरे की मदद नहीं कर सकते हैं तो इस बात का असर उस बच्ची के मन पर सदा पड़ता। इससे उसका आत्मविश्वास प्रभावित होता और दूसरों की मदद करने के उसके विश्वास पर असर पड़ता। सविता की सासु चाहती थी कि उसकी बच्ची यह महसूस करे कि वह समाधान का हिस्सा है न कि समस्या का हिस्सा।

64
सौभाग्यदायी सिक्का

एक बार एक जनरल अपने सैनिकों के साथ युद्ध क्षेत्र की ओर बढ़ रहे थे। वे जानते थे कि उनकी जीत की संभावना बहुत कम है। सैनिकों में उत्साह भरने के लिए जनरल ने अपने सैनिकों से एक प्रार्थना सभा आयोजित करने के लिए कहा ताकि उन्हें सफलता मिले। प्रार्थना के बाद जनरल ने कहा, '' अब मैं अपना सौभाग्यदायी सिक्का उछालने जा रहा हूँ। हेड होने से विजय और टेल होने से पराजय।'' इसके बाद उन्होंने सिक्का उछाल दिया और हेड आ गया। जनरल ने कहा, ''बहुत खूब! अब हमें कोई हरा नहीं सकता। यह मेरा सौभाग्यदायी सिक्का है। यदि यह विजय कहता है तो हमारी जीत अवश्य होगी।''

सैनिकों का मनोबल बढ़ गया। उन सबने उत्साहपूर्वक लड़ा और युद्ध में उन्हें विजय मिली।

अपनी विजय के बाद सैनिकों ने एक समारोह का अयोजन किया। समारोह के दौरान एक सैनिक ने कहा, ''यह सच है सर कि विजय किस्मत से मिलती है।''

इस पर जनरल ने कहा, ''नहीं, ऐसा नहीं है। विजय निर्भर करता है कि कितनी बहादुरी से आप लड़ते हैं और आपकी सामरिक नीति कैसी है।''

उस सैनिक ने आगे कहा, ''सर, इसमें कोई संदेह नहीं कि हमने बहादुरी से लड़ा मगर किस्मत ने भी हमारा साथ दिया। सिक्का उछाला और हेड का आना भी किस्मत की ही बात थी न सर?''

इस पर जनरल ने मुस्कुराया और अपनी जेब से सिक्का निकाला। उसने उस सैनिक को वह सिक्का दिखाया। उस सिक्के को देखकर सैनिक भौचक्का रह गया।

विचार–मंथन

1. उस सिक्के को देखकर सैनिक भौंचक्का क्यों रह गया?
2. इस कहानी से क्या शिक्षा मिलती है?

नीचे दिए गए जवाब को देखने से पहले विचार–मंथन आपको स्वयं इन प्रश्नों का जवाब सोचने के लिए प्रोत्साहित करता है।

जवाब

1. जनरल ने उस सैनिक को जो सिक्का दिखाया उसमें दोनों ओर केवल हेड ही थे।
2. हम अपने जय अथवा पराजय को खुशी–खुशी किस्मत पर छोड़ देते हैं जबकि वास्तव में जय अथवा पराजय हमारे प्रयास एवं युद्ध करने के तरीके पर निर्भर करते हैं। जनरल ने सिक्का केवल सैनिकों का मनोबल बनाए रखने के लिए उछाला था ताकि उन्हें युद्ध जीतने में मदद मिले। उस सिक्के से सौभाग्य जुड़े होने जैसी कोई बात नहीं थी।

65

अपनी अंतरात्मा की पुकार सुनो

जन्म से ही निरंजन के पैर में खराबी थी। उसके पैरों में अत्यंत अल्प ताकत थी। डॉक्टर ने कहा कि यदि यह चल पाए तो एक चमत्कार होगा। उसकी दादी चाहती थी कि वह अपने दादा जी की तरह पहलवान बने। यह उसके दादा जी की अंतिम इच्छा थी। मगर, डॉक्टर तो कह रहा था कि यह असंभव है।

उन्होंने निरंजन से पूछा कि किस उपाय के करने से निरंजन के पैरों में ताकत मिल सकती है। डॉक्टर ने कहा कि इसके लिए ऐसा कोई उपचार उसके पास नहीं है। अधिक से अधि कवह किसी निर्धारित औषधीय तेल से उसके पैरों की हर रोज मालिश कर सकती है। लेकिन वह इस बात को पक्के तौर पर नहीं कह सकता कि इससे उसे कितनी मदद मिलेगी।

निरंजन की दादी प्रत्येक दिन एक घंटे तक उसके पैरों की मालिश करती थी। उसने गाँव के पुजारी से भी मदद मांगी थी जिसने उन्हें कुछ मंत्रों का उच्चारण करने के लिए कहा। वह अपने पोते के तंदुरूस्ती के लिए उपवास भी करती थी।

जब निरंजन तीन साल का हुआ त बवह चलने लगा। एक साल तक वह किसी चीज के सहारे चलता था। उसकी दादी उसके दोनों हाथों को पकड़कर उसे चलाते रहती थी। पाँच साल की उम्र से वह वैसाखी के सहारे चलने लगा।

जब वह छः साल का हुआ तब उसकी दादी गाँव के एक पहलवान के पास गई। वह चाहती थी कि निरंजन एक पहलवान बने। पहलवान उनका उपहास उड़ाने लगे। उन्होंने कहा, "तंदुरूस्त लड़के

तो इस पेशा में आने से घबराते सहते हैं और इसमें टिक नहीं पाते हैं। ऐसे में आपका बच्चा इसमें क्या करेगा? यह पहलवानी कैसे कर पाएगा? आपके पति एक उस्ताद थे। मगर हर कोई उनकी तरह नहीं बन सकता। इस बात को आप अपने मन से निकाल दें।''

निरंजन की दादी ने कहा, ''मैं जानती हूँ कि यह भी अपने दादा की तरह एक अच्छा पहलवान बनेगा। क्या आप इसे एक मौका नहीं दे सकते?'' इस पर पहलवान ने कहा, ''तो ठीक है, जिस दिन यह दौड़कर पूरे गाँव की चक्कर लगा लेगा उस दिन मैं इसे पहलवानी सिखाने लगूँगा।''

इस कार्य को करने में निरंजन को दो साल लग गए। इसके बाद पहलवान को बात माननी पड़ी और उसने निरंजन को सिखाना शुरू किया। निरंजन के लिए ज़िंदगी बहुत कठिन संघर्षों से भरी हुई थी। हर कोई, दूसरे पहलवान, विजेता और उस पहलवान के दूसरे शागिर्द कहा करते थे कि इस काम में यह नहीं सफल होगा।

मगर निरंजन और उसकी दादी ने अपने अदम्य साहस को नहीं छोड़ा। धीरे–धीरे उसने अपनी शक्ति, तकनीकी और कौशल को उन्नत किया तथा गाँव का एक अच्छा पहलवान बन गया। अच्छे से महान बनने के एक और संघर्ष की शुरूआत हुई। बाद में वह अपने मुकाम पर पहुंच गया और हिंद केसरी पुरस्कार से सम्मानित हुआ।

जब उनसे पूछा गया कि सभी प्रकार की विषम परिस्थितियों से जूझते हुए उन्होंने किस प्रकार सफलता प्राप्त की तो उन्होंने कहा, ''मेरी दादी ने मुझे एक मंत्र दिया और मैंने उसका पालन किया।''

विचार–मंथन

1. निरंजन की दादी ने उसे क्या मंत्र दिया?

नीचे दिए गए जवाब को देखने से पहले विचार–मंथन आपको स्वयं इस प्रश्न का जवाब सोचने के लिए प्रोत्साहित करता है।

जवाब

1. निरंजन की दादी जानती थी कि वह जितने लोगों से मिलेगी उनमें से अधिकांश यही कहेंगे कि यह कुश्ती में कामयाब नही होगा। दादी ने उसे मंत्र दिया, ''जब कोई तुमसे कहे कि तुम कामयाब नहीं होगे तो तुम यह मान लेना कि तुम कामयाब होगे।''

66

स्वयं में रहो

एक आदमी अपने घर के आगे बगीचे में पौधे में पानी डाल रहा था। खिले हुए फूलों को देखकर उसका मन खुशी से झूम रहा था।

मगर कुछ दिनों के बाद उसने देखा कि उन सभी पौधों के फूल अचानक मुरझा गए हैं और एक–दो कलियाँ तो खिली ही नहीं।

उसने उन फूलों से पूछा कि वे क्यों मुरझा गए। कमलिनी ने कहा कि वह खुद से तंग आ गई क्योंकि वह गेंदा की तरह चमकीली नहीं थी। गेंदा अपने आप से परेशान था कि उसमें चमेली की तरह खुशबू नहीं है। चमेली को इस बात से ईर्ष्या थी कि उसमें आकर्षक सुगंध होने के बावजूद वह गुलाब इतना लोकप्रिय नहीं है।

उन सबमें केवल कैक्टस खुश था और उस दिन उसमें एक छोटा–सा फूल भी खिला था। इस पर उस व्यक्ति ने पूछा, ''प्रिय कैक्टस, तुम कैसे हो खुश हो जबकि तुमसे खूबसूरत सारे फूल दुखी हैं?''

विचार–मंथन

1. कैक्टस ने क्या कहा?
2. इस कहानी से क्या शिक्षा मिलती है?

नीचे दिए गए जवाब को देखने से पहले विचार–मंथन आपको स्वयं इन प्रश्नों का जवाब सोचने के लिए प्रोत्साहित करता है।

जवाब

1. कैक्टस ने कहा, " मैं जैसा हूँ उसी में खुश हूँ क्योंकि मैं जानता हूँ कि आप चाहते हैं इसलिए मैं यहाँ हूँ। जीवित रहने और अपने सामर्थ्य के अनुरूप उत्तम कार्य रहने में ही मुझे आनंद है।

2. हममें से हर कोई अनूठा है। हमारे जैसा दूसरा कोई नहीं है और हम किसी दूसरे जैसे नहीं हैं। इसलिए हमें दूसरों के साथ अपनी तुलना नहीं करना चाहिए। हमें स्वयं में रहने की कला सिखनी चाहिए और हम जैसा हैं उस रूप में हमें स्वयं को स्वीकार करना चाहिए।

67
झूठा विश्वास

पिता–पुत्र जंगल में हाथियों के बगल से गुजर रहे थे। उन हाथियों पर महावत भी सवारे थे। पुत्र ने देखा कि हर हाथी के पैर में बेड़ी लगी हुई थी और उसे लोहे की एक खूँटी से बाँधकर रखा गया था। हाथी के आकार की तुलना में रस्सी बहुत छोटी थी। बेटा ने आश्चर्य किया कि हाथी तो छोटी–सी रस्सी को आसानी से तोड़कर मुक्त हो सकता है, मगर ऐसा क्यों नहीं करता है।

उसने अपने पिता से इसका कारण पूछा। पिता ने कहा, ''ये हम इंसान की तरह ही होते हैं। इस विश्वास की बात है।''

विचार–मंथन

1. पिता के कहने का भाव क्या था?
2. हाथी को उन्होंने इंसान की तरह क्यों कहा?

नीचे दिए गए जवाब को देखने से पहले विचार–मंथन आपको स्वयं इन प्रश्नों का जवाब सोचने के लिए प्रोत्साहित करता है।

जवाब

1. जब हाथी बहुत छोटे होते हैं तभी से उनके महावत उन्हें रस्सी में बाँधने लगते हैं। जब वे छोटे होते हैं तब वे रस्सी को तोड़

नहीं सकते हैं और जैसे–जैसे समय गुजरता है वैसे–वैसे वे मानने लगते हैं कि वे उस रस्सी को तोड़ नहीं सकते हैं। बाद वे रस्सी तोड़ने का प्रयास भी छोड़ देते हैं।

2. वास्तव में बड़े हाथी रस्सी को कभी भी तोड़ सकते हैं। लेकिन चूँकि वे बचपन में प्रयास करने पर ऐसा नहीं कर पाए थे। वे झूठे विश्वास के अधीन हो जाते हैं और मुक्त होने का प्रयास ही छोड़ देते हैं। ऐसा ही इंसान के साथ भी होता है।

68
मैं ऐसा कर सकता हूँ

एक आदमी ने एक चमकदार कार खरीदी। उसने उस कार को अपनी पुराने कार के पास लगा दी। पुरानी कार को उसके पिता ने खरीदी थी। पुरानी कार से भावना जुड़ी होने के कारण वह उसे हटा नहीं पाता था।

नई कार अपनी सुंदरता और गति का घमंड कर रही थी। पहले तो उसने पुरानी कार को नजरअंदाज़ की। तब कुछ दिनों के बाद नई कार पुरानी कार के लिए अफसोस जाहिर करने लगी क्योंकि अब तो इसका मालिक इसे कहीं बाहर भी नहीं ले जाता था। इसके बाद वह पुरानी कार से बात करने लगी। इसने पूछा, ''तुम कितनी साल से चल रही हो?''

पुरानी कार ने जवाब दिया, ''लगभग बीस साल से।'' नई कार यह सुनकर आश्चर्य करने लगा। उसने पुरानी कार से पूछा, ''तुम्हारा मालिक तुम्हें कहाँ से लाया?''

पुरानी कार ने कहा, '' वह मंत्रालय में काम करते थे। इसलिए उन्हें राज्य के सभी छोटे–बड़े जिलों और गाँवों की यात्रा करनी पड़ती थी। चाहे बारिश हो या धूप उन्हें बहुत अधिक यात्रा करनी पड़ती थी।''

नई कार यह सुनकर अचरज में पड़ गई। उसने पुरानी कार से पूछा, ''मेरा मालिक कहाँ काम करता है? क्या उन्हें भी बहुत यात्रा करनी पड़ती है?''

पुरानी कार ने जवाब दिया, ''ये भी मंत्रालय में ही काम करते हैं। हाँ, इन्हें भी बहुत यात्रा करनी पड़ती है।''

अच्छा तो ऐसी बात है। अगले दिन नई कार ने स्टार्ट होने से इंकार कर दिया। मालिक ने कार मिस्त्री को बुलाया। मिस्त्री ने कहा कि कार में कोई भी खराबी नहीं है। पुरानी कार ने नई कार से पूछा, ''बच्चे, क्या खराबी हो गई?''

नई कार ने जवाब दिया, '' मैं यह सोचने लगी कि आपने इतने वर्षों में कितने किलोमीटर की यात्रा की होंगी, कितने भू–भागों में गई होंगी और कितनी ऋतुओं को देखी होगी। मुझे नहीं लगता कि मैं इतना अधिक चल सकूँगी। मैं बहुत ही तनावग्रस्त हो गई थी। मैं चल नहीं सकती।''

पुरानी कार ने स्नेहपूर्वक कहा, ''मेरे बच्चे, तुम ऐसा कर सकती हो?''

नई कार ने पूछा, ''मगर इतने अधिक किलोमीटर?''

पुरानी कार ने नई कार की ओर देखा और कहा .....

इस पर नई कार ने चैन की साँसें लीं और फिर मुस्कुराने लगी।

विचार–मंथन

1. पुरानी कार ने क्या कहा?
2. इस कहानी से क्या शिक्षा मिलती है?

नीचे दिए गए जवाब को देखने से पहले विचार–मंथन आपको स्वयं इन प्रश्नों का जवाब सोचने के लिए प्रोत्साहित करता है।

जवाब

1. पुरानी कार ने कहा, ''तुम्हें अचानक इतने अधिक किलोमीटर की यात्रा नहीं करनी पड़ेगी। एक बार में एक ही चरण का काम पूरा करना पड़ेगा। एक चरण पूरा करने के बाद तुम दूसरे चरण का

कार्य करोगी। एक–एक चरण पूरा करते हुए तुम लक्ष्य तक पहुंच जाओगी।

2. हमलोग काम के अम्बार को देखकर परेशान हो जाते हैं। मगर यदि हम काम को अनेक चरण में बांटकर कुछ काम अभी और कुछ अगले क्षण अथवा अगले दिन करेंगे तो वह विशाल दिखने वाला काम पूरा हो जाता है और हमारी यात्रा पूर्ण हो जाती है।

69
जादुई पेड़

हर किसी को जब सलाह की जरूरत होती थी तो वह बुद्धिमान चाचा से मिलने उनके घर जाता था। वह हमेशा अपनी बुद्धिमानी से उनकी समस्या का समाधान किया करते थे।

किशोर बहुत ही तनावग्रसत था। आज तो उसके के साथ बहुत ही बुरा हुआ। ऐसा लग रहा था कि उसके बॉस, सहपाठी और बिक्रेता सभी मिलकर उसके मर्मस्थल पर चोट पहुँचाना चाहते थे। उसकी समस्या को और भी गंभीर बनाने के लिए उसके परिवारजन ने शिकायत की कि वह उनलोगों के लिए समय नहीं देता है।

वह चाचा के पास गया और उनसे अपनी समस्या बतायी। ''चाचा, मैं इन सबसे परेशान हो गया हूँ। मैं इन सबका अंत कर देना चाहता हूँ। मगर मैं अभी जीना चाहता हूँ। लेकिन इस तरह से काम नहीं चल सकता है। मैं इस समस्या का समाधन चाहता हूँ। अब और अधिक तनाव को बर्दाश्त नहीं कर सकूँगा। '' उसकी बातों को सुनकर चाचा उसके मुँह देखने लगे।

चाचा ने कहा, '' तनाव कम करने का उपाय है। लेकिन उसके लिए जैसा मैं कहूँगा, वैसा तुम्हें करना पड़ेगा।''

किशोर ने जवाब दिया, ''कुछ भी करने के लिए तैयार हूँ।''

उन्होंने कहा, ''मेरे मकान के नजदीक एक पहाड़ी है। तुम पहाड़ी पर चढ़ोगे तो तुम्हें एक विशाल पेड़ मिलेगा। यह एक जादुई पेड़ है। उस वृक्ष के नीचे हर रोज दस मिनट तक बैठा करो। ऐसा एक माह तक करो। इससे तुम्हारा तनाव कम हो जाएगा। तुम्हें अपना बटुआ,

मोबाइल फोन और घड़ी घर पर ही छोड़कर जाना पड़ेगा। वरना उस पेड़ के जादू का असर नहीं होगा।'' किशोर सहमत हो गया।

जैसे कि अपेक्षा थी वैसे ही एक माह के बाद किशोर चाचा से मिलने के लिए आया। वह तरोताजा और स्वस्थ दिख रहा था। ''शुक्रिया चाचा, आपने मुझे जादुई पेड़ के बारे में बताया।''

विचार–मंथन

1. उस पेड़ ने क्या जादू किया?

नीचे दिए गए जवाब को देखने से पहले विचार–मंथन आपको स्वयं इस प्रश्न का जवाब सोचने के लिए प्रोत्साहित करता है।

जवाब

1. उस पेड़ में कोई भी जादू नहीं था। चाचा ने उसे केवल प्रकृति के नजदीक ला दिया। जब किशोर पेड़ के नीचे जाता था त बवह बटुआ, मोबाइल और घड़ी जैसे उन सभी चीजों को छोड़कर जाता था जिसमें उसका समय खर्च होता था। ज बवह पेड़ के नीचे होता था तो उस समय उसे किसी से परेशानी नहीं होती थी। बिना किसी व्यवधान के वह सूर्यास्त को निहारता था, शाम की ताजा हवा में साँसें लेता था और वह हवा उसके शरीर को स्पर्श करती थी। पहाड़ी पर चढ़ने से भी उसे फायदा होता था। धीरे–धीरे वह पेड़ के पास अधिक समय बिताने लगा और इस तरह से उसे अपने लिए अधिक समय मिलने लगा। इससे उसके तनाव एवं परेशानी कम हो गए।

70
अंत में

एक संघर्षपूर्ण प्रतिस्पर्द्धा के बाद शतरंज के सभी प्यादे डब्बे में बैठकर खेल के बारे में बातें कर रहे थे। बिशप ने कहा, ''मैं तो बहुत तनाव में था। हे भगवान, हर चाल चलने से पहले मुझे बहुत सावधान रहना पड़ता था।''

ब्लैक क्विन ने कहा, ''अरे, मैं जितना तनाव में था उसकी तुलना किसी से नहीं की जा सकती है। इतना संघर्षपूर्ण खेल था कि मेरे सभी प्यादे मर चुके थे और साथ में राजा कि सुरक्षा की जिम्मेदारी भी मेरे पर थी।''

इस पर ब्लैक किंग ने कहा, '' इसमें कोई बड़ी बात नहीं है। पूरे खेल में मैं तुम सबसे कहीं अधिक तनाव में था। तुम सबकी जिम्मेदारी मेरे पर थी। मेरी एक गलत चाल से पूरा खेल खत्म।''

इस बात की पुष्टि व्हाइट किंग ने की, ''यह बात विल्कुल सही है। तुम सबसे अधिक चिंतित हम राजा ही रहते हैं।''

ब्लैक रूक इनके साथ था और उसने कुछ नहीं कहा।

हर किसी ने उससे पूछा, ''क्या इस खेल में तुम तनावग्रस्त नहीं थे?''

उसने कहा, ''नहीं, बल्कि मैंने खेल का मजा लिया। मेरा समय बहुत अच्छी तरह से बीत गया। मैं हमेशा काम करता हूँ।''

इस पर व्हाइट किंग ने मुँह बनाते हुए पूछा, ''हर खेल में तुम्हें मजा कैसे आता है और तुम तनावग्रसत नहीं होते?तुम तो हार भी गए हो!''

रूक ने कहा, ''मैं हर खेल में मजा इसलिए लेता हूँ क्योंकि मेरे लिए हर खेल का परिणाम एक जैसा होता है।''

विचार-मंथन

1. रूक के मुताविक हर खेल का परिणाम किस तरह एक जैसा ही था?
2. इस कहानी से क्या शिक्षा मिलती है?

नीचे दिए गए जवाब को देखने से पहले विचार–मंथन आपको स्वयं इन प्रश्नों का जवाब सोचने के लिए प्रोत्साहित करता है।

जवाब

1. रूक ने कहा, ''हर खेल का जो भी परिणाम हो, अंत में हम सभी एक ही बक्से में आ जाते हैं।''
2. हमलोग जीवनभर विभिन्न प्रकार के सकारात्मक एवं नकारात्मक परिणामों को लेकर चिंतित रहते हैं। इससे हम जीवन के खेल का मजा नहीं ले पाते हैं और इसे अपना संपूर्ण नहीं दे पाते हैं। बल्कि हमें समझना चाहिए कि केवल वर्तमान ही तो है। हमारी कितनी भी महत्वपूर्ण भूमिका क्यों न हो अंत में हमें उसी स्थान पर वापस जाना पड़ेगा। इसलिए परिणाम की चिन्ता किए बिना हमें जीवन जीना चाहिए, इसका आनंद लेना चाहिए और अपनी सर्वोत्तम क्षमता का उपयोग करते हुए जीवन का खेल खेलना चाहिए।

71

जीने की इच्छा–शक्ति

शंकर को होश आ गया था। अपनी अधखुली आँखों से ही उसने अपने आगे खड़े शख्स के आकार–प्रकार को भांप लिया था। वह एक अधेड़ उम्र की भारी–भड़कम खूसट महिला थी। उसने पूछा, " क्या मैं किसी नरक में पहुंच गया हूँ? मैं कहां हूँ?"

उस महिला ने बेरूखी से जवाब दिया, "अस्पताल में। तुम्हारी किस्मत अच्छी थी कि तुम बच गए।"

उसने अपना सिर पकड़ते हुए अफसोस जाहिर किया, " मैं जीवित हूँ? क्या मैं जीवित हूँ? मगर मैं तो अपनी ज़िंदगी खत्म करना चाहता था। मैं तो इससे निजात पाना चाहता था। मैं क्यों जीवित हूँ?"

उस महिला ने इतमीनान से कहा, " तुम्हारी दवाई का समय हो गया है।"

उसने विरोध किया, "क्यों? मुझे नहीं चाहिए दवा।"

उसने साफगोई से कहा, "ओहो, तुम्हें इसकी जरूरत है। तुम्हें स्वस्थ होना है।"

"मगर मुझे स्वस्थ होने का मकसद नहीं है।"

इस पर नर्स ने सख्त आवाज में कहा, "मकसद है। बस मकसद ढूँढ़ना पड़ता है। इसके लिए जीवित रहने की जरूरत होती है। तुम्हें अपनी ज़िंदगी नष्ट करने का हक नहीं है। इसलिए तुम दवा ले लो। मजबूत बनो, उठो और दुनिया का सामना करो।" उसने डाँटते हुए कहा।

वह चिल्लाने लगा, ''नहीं। मैं जीवित नहीं रहना चाहता। मुझे किसने बचाया? उन्होंने ऐसा क्यों किया? कोई जरूरत नहीं थी, जरूरत नहीं थी, नहीं थी ....''

उससे भी जोरदार आवाज में नर्स ने कहा, ''शोर मचाने की जरूरत नहीं है। अब अपनी दवा लो, खाना खाओ और सो जाओ। मैं फिर कल मिलूंगी।''

उसने कहा, ''इतना निश्चिंत न रहें। हो सकता है, मैं एक बार आत्म–हत्या का पुनः प्रयास करूंगा। हो सकता है कि इस बार मैं सफल हो जाऊं। हो सकता है कल हमलोग इस रूप में बात नहीं कर सकें।''

नर्स ने कहा, ''मुझे विश्वास है कि हमलोग बात करेंगे।''

'' अजी नहीं। मैं आज मध्य रात्रि में खुद को खत्म कर डालूंगा।''

नर्स ने आत्मविश्वास के साथ जवाब दिया, ''अरे नहीं, तुम ऐसा कुछ भी नहीं करोगे।''

उसने पूछा, ''आपको कैसे मालूम?''

उसने कमरे से बाहर निकलते हुए कहा, ''तुम फिर से प्रयास नहीं करोगे।''

दुबारा प्रयास नहीं करूंगा .... वह ऐसा तो नहीं समझ रही थी कि मुझमें फिर से आत्महत्या करने का प्रयास करने का साहस नहीं है? तो फिर वह बहुत बेवकूफ है। क्या उसे एक बार ऐसा नहीं किया था? यदि उसे बचाने वाला मिल गया होता तो वह बताता।'' वह तब तक निराशा में डूबा रहा जब तक उसे नींद नहीं आ गई।

जब अगली सुबह वह जगा तब उसने नर्स को अपने सामने पाया। उसने अनुनय किया, ''आपको मेरी मदद करनी चाहिए, मैं मरना चाहता हूँ।'' वह कुछ नहीं बोली, सीधे उस कमरे से बाहर चली गई। इसके बाद डॉक्टर कमरे के अंदर आया और उसे दुखद समाचार सुनाया कि उसे ठीक होने में अभी दो सप्ताह का वक्त लगेगा। यह

उसके लिए बहुत बड़ी मुसीबत थी। वह अपना सिर पकड़कर एक बच्चे की तरह रोने लगा।

जैसे ही डाक्टर कमरे से बाहर निकले वैसे ही नर्स दवा की तश्तरी लेकर अंदर दाखिल हो गई। उसने सूई निकालकर उसे लगा दी। शंकर ने फिर से प्रतिवाद किया, ''इसका क्या फायदा? मैंने आपसे पहले भी बता दिया था कि मैं जीना नहीं चाहता।''

उसने धीरे से कहा, ''मैं तो आपको मुक्त करने का प्रयास कर रही हूँ।''

उसने संशयग्रस्त होकर पूछा, ''आप क्या कहना चाह रही हैं?''

''अब तुम भगवान को याद कर लो। अब थोड़ी देर में ही यह सूई तुम्हें इस दुनिया से मुक्त कर देगी। मरने में तनिक भी दर्द नहीं होगा।'' उसने आश्वस्त करते हुए कहा, मगर शंकर उसकी ओर देख रहा था और उसका चेहरा भय से विकृत हो गया था।

विचार-मंथन

1. नर्स ने उसे मौत की सूई क्यों दे दी?

नीचे दिए गए जवाब को देखने से पहले विचार–मंथन आपको स्वयं इस प्रश्न का जवाब सोचने के लिए प्रोत्साहित करता है।

जवाब

1. नर्स अच्छी तरह से जान गई थी कि शंकर वास्तव में मरना नहीं चाहता था। जब उसे पास जीने का विकल्प था तब वह जीना नहीं चाहता था। जब उसने बिना किसी पूर्व चेतावनी के उसे मौत के कगार पर ला खड़ा कर दिया तब उसे पता चला कि उसके अंदर जीने की कितनी चाहत थी। नर्स ने उसे मौत की सूई नहीं दी थी। उसने सिर्फ उसे ऐसा कहा था ताकि उसके अंदर जीने की इच्छा–शक्ति तीव्र हो जाए।

72
एक बच्ची का उपहार

साक्षी ने सोचा के इन दिनों पैसे की बहुत कड़की है, न जाने मुझे और कितना कठिन परिश्रम करना पड़ेगा! दिनभर काम करने के बाद उसे बर्तन मांजना पड़ता था, कपड़े धोने पड़ते थे और अगले दिन के लिए सब्जी काटकर रखना पड़ता था.... अंतहीन काम। यह सब उसकी नन्हीं बच्ची सोनू के लिए कितना दुखदायी था। उसके लिए खिलौने लाने वाला, उसे बाहर घुमाने–फिराने वाला या फिर उसके साथ खेलने वाला कोई पिता नहीं था। जीवन बहुत कठिन था। मगर वह अपने दुर्दिन से बाहर निकलना चाहती थी। जब वह अपने घेरलू काम में जुटने वाली थी तब खुद से गर्व के साथ बोली कि वह अपनी बच्ची को डॉक्टर बनाएगी।

वह वाशिंग पाउडर निकालने के लिए डब्बे के पास गई। मगर उसमें पाउडर था ही नहीं। डब्बे में जितना था उससे बहुत कम कपड़े धुल सकते थे। साक्षी अपना संतुलन बनाए रखी। उसने उस थोड़े से पाउडर का इस्तेमाल किया और उसमें उन थोड़े से कपड़ों को भींगो दिया जिन्हें तुंरत साफ करने की जरूरत थी। निस्संदेह बाद में सभी कपड़ों को धो दी, मगर थोड़ा इंतजार करना पड़ा।

उसी समय सोनू मैदान से भाग कर आयी। "मम्मी, यह उपहार देखो, मैंने तुम्हारे लिए तैयार किया है।" उसके चेहरे और कपड़े पर कीचड़ पुता हुआ था। जिस पर कीचड़ पुत गया था, वह उसका सबसे बेहतरीन कपड़ा था। इस पर साक्षी को गुस्सा आ गया। "सोनू, यह तुमने क्या कर दिया। तुम्हारा साहस कैसे हुआ कि तुम मैदान में जाकर खेलो और अपने सबसे बेहतरीन कपड़े पर कीचड़ पोत दो?

और उस पर भी इसे पूरी तरह से कीचड़ में पोत दी? ऐसा लगता है कि मुझे दिनभर में कोई दूसरा काम नहीं है। मेरे पास तो पर्याप्त पाउडर भी नहीं है कि जरूरी कपड़ों को धो सकूं और इस पर तुमने तो लाउंडरी ही खुलवा दी है।''

'' मगर मम्मी, रानी ने मुझे खेलने के लिए बुलाया था। वह मुझे सीखा रही थी.....'' इस पर साक्षी ने गुस्सा में सोनू को एक तमाचा जड़ थी, '' तो अब तुम मुझसे जुबान भी लड़ाना सीख गई है?''

सोनू रोने लगी किंतु साक्षी पर इसका कुछ भी असर नहीं पड़ा। उसने कहा, ''जाकर कोने में बैठो जब तक खाना तैयार नहीं हो जाता है।''

''मगर मम्मी......''

साक्षी ने डांटते हुए कहा, ''खामोश!'' सोनू ने वैसा ही किया जैसा उसे कहा गया।

साक्षी जानती थी कि सोनू ने कीचड़ में खेलकर कोई गलती नहीं की है। सभी बच्चों ने तो ऐसा ही किया था। मजबूरी साक्षी की थी कि वह खर्चा जुटा नहीं पा रही थी। उसकी हताशा का दंड सोनू को भोगना पड़ा। मगर जीवन की सच्चाई से सोनू की हिफाजत नहीं कर सकी। उसने खुद से सवाल किया। सोनू को जितने समय, ऊर्जा और पैसे की जरूरत थी उतना वह दे नहीं सकी। वह जितना कर सकती थी उतना की। फिर भी वह अपनी बच्ची के प्रति सख्त थी।

साक्षी ने धीरे से कहा,''सोनू बेटा, खाना खाने के लिए आओ।'' सोनू वहां धीरे से आयी। उसके हाथ पीछे थे। वह परेशान होकर मम्मी के पास खड़ी हो गई। साक्षी घुटने के बल बैठ गई ताकि वह सोनू से आँख में आँख मिलाकर बात कर सकें। उसने सोनू से कहा, ''बेटा, मुझे माफ कर दो। क्या तुम एक अच्छी बच्ची की तरह मुझे माफ कर दोगी?'' उसने दुखी नजरों से मम्मी की ओर देखा और अपना सिर हिलाया।

साक्षी ने कहा, ''मेरी बच्ची, क्या तुमने सच में मुझे माफ कर दिया?''

''जी मम्मी!'' साक्षी ने मन ही मन सोचा कि कितनी अच्छी बच्ची है।

इसके बाद सोनू ने पूछा, ''अब जबकि मैंने आपको माफ कर दिया है तो आप देखेंगी कि क्या मैं आपके लिए जायी हूँ।

साक्षी ने कहा, 'हाँ, मेरी गुड़िया मैं देखूँगी।''

सोनू ने अपने हाथ आगे किया और साक्षी अचरज के साथ उसे देखती रह गई। सोनू की हथेली में जो अमूल्य उपहार उसके लिए था उसे देखकर उसकी आँखों से आँसू टपकने लगे।

विचार–मंथन

1. सोनू अपनी माँ के लिए कौन–सा उपहार लायी थी?
2. वह उपहार अमूल्य किस कारण से था?

नीचे दिए गए जवाब को देखने से पहले विचार–मंथन आपको स्वयं इन प्रश्नों का जवाब सोचने के लिए प्रोत्साहित करता है।

जवाब

1. सोनू अपने हाथ में कीचड़ से बनाए गए लड्डू रखी हुई थी। ''यह आपके लिए है मम्मी। आपने कल मेरे लिए लड्डू बनायी थी इसलिए आज रानी ने मुझे आपके लिए लड्डू बनाना सिखा दी।'', उसने कहा।
2. लड्डू सोनू का अपनी माँ के प्रति विचारपूर्ण व्यवहार का प्रतीक था। जहां साक्षी इस बात से दुखी थी कि उसे मदद करने वाला कोई नहीं था, वहीं उसे यह जानकर प्रसन्नता हुई कि उसकी बेटी उसके लिए लड्डू बनाने में व्यस्त थी। इससे उसके अंदर कठिन परिस्थिति में उम्मीद जगी।

73
नियमित कार्यक्रम का विषय

शोभा मौसी ने अपनी सबसे छोटी भतीजी श्रुति को सलाह दी, ''हर रोज छोटे–छोटे काम करने से प्यार बढ़ता है। प्यार जताने के लिए तुम्हें बड़े–बड़े काम नहीं करने पड़ते हैं। आदर भी प्रेम का ही एक रूप है।

श्रुति के सास–ससुर उसके साथ कुछ अच्छे वक्त बिताने के लिए आने वाली थी। अब तक वह और उसके पति रहते थे। वह सोच में पड़ी हुई थी कि क्या वह अपने सास–ससुर के साथ ठीक से रह पाएगी और शांति बनी रहेगी। अब तक उनके बीच अच्छा तालमेल था। मगर दूर के ढोल सुहावन होते हैं।

चिंतित श्रुति ने पूछा, ''यदि उनके साथ हमारा नहीं निभ पाया और उन्हें विदा करने का मन हो गया तो क्या होगा?''

''यह संभव नहीं है कि किसी आदमी के साथ हमेशा तालमेल बना ही रहे। जिगरी दोस्तों, प्रेमी–प्रेमिका, पति–पत्नी, भाइयों और माँ–बाप एवं बच्चों के बीच बहस हो ही जाती है। लेकिन इसका मतलब यह नहीं होता है कि वे एक–दूसरे को छोड़ देते हैं अथवा एक–दूसरे का अपमान करते हैं। क्या तुम अपने माता–पिता से असहमत नहीं होती हो? मगर इससे तुम उनके साथ संबंध तोड़ तो नहीं देते हो? अगर ऐसा नहीं है तो फिर अपने सास–ससुर के लिए अलग रूख क्यों?'' मौसी ने पूछा।

''ऐसा इसलिए कि वे मेरे माता–पिता नहीं हैं! और आपको नहीं मालूम कि क्या वे मेरे साथ वैसा ही व्यवहार करेंगे जैसा कि वे अपने बेटे के साथ करते हैं?''

''वे वैसा ही करेंगे यदि तुम उनकी बेटी बन जाओगी और उन्हें अपने माता–पिता की तरह मानने लगोगी।''

''और मैं ऐसा कैसे करूंगी?''

''उनके साथ अपना अहंकार त्याग दो। उन्हें उचित सम्मान देते हुए उनके साथ शुरूआत करो। सम्मान देने के कारण तुम उनसे प्रेम करने लगोगी। एक बार जब आपस में प्रेम हो जाए तो दूसरे किसी बात के लिए जगह नहीं रह जाती।''

'' मगर उनके प्रति सम्मान कैसे प्रकट करूं?''

इस पर मौसी ने जवाब दिया, ''तुम्हें एक महत्वपूर्ण विस्मृत पंरपरा का पालन करके शुरूआत करनी होगी।''

विचार–मंथन

1. मौसी ने श्रुति से किसी महत्वपूर्ण विस्मृत परंपरा का पालन करने के लिए कहा?
2. इस परंपरा के पालन से क्या मिलता?

नीचे दिए गए जवाब को देखने से पहले विचार–मंथन आपको स्वयं इन प्रश्नों का जवाब सोचने के लिए प्रोत्साहित करता है।

जवाब

1. मौसी ने श्रुति से जिस विस्मृत पंरपरा का पालन करने के लिए कहा कि नित्य ईश्वर की प्रार्थना करने के बाद अपने सास–ससुर के चरण स्पर्श कर उनका आशीर्वाद प्राप्त किया जाए।
2. बड़ों के चरण स्पर्श कर उनका आशीर्वाद लेना उनके प्रति सम्मान प्रकट करने जैसा है। आशीर्वाद लेने वाले और देने वाले दोनों के लिए एक–दूसरे प्रति दुर्भावना प्रकट करना कठिन होता है। इस पंरपरा का नित्य पालन करने से दोनों पक्ष एक–दूसरे के प्रति प्रेम करने लगेंगे।

74

तुम ऐसे आदमी के साथ क्यों रहती हो?

समरजीत बहुत ही भुलक्कड़ आदमी था। वह एक नामी कलाकार था और अपनी ही दुनिया में खोया रहता था। अक्सर वह अपने आस–पास की गतिविधि से बेखबर रहता था। उसकी पत्नी स्याली उसकी इन आदतों के साथ रहने की अभ्यस्त हो चुकी थी। इस बात के लिए उसने कभी शिकायत नहीं की थी। इस बात में कोई शक नहीं था कि स्याली को अपने दिलोजान से चाहता था मगर वह अपने डिजाइन, कला और रंगों की दुनिया में इतना खोया रहता था कि किसी अन्य के लिए वक्त ही नहीं था।

उनकी शादी की पांचवीं सालगिरह पर स्याली ने उसके लिए एक प्यारा–सा केक बनाया। स्याली की बहन भी उसकी मदद करने के लिए आयी थी। किंतु समरजीत सालगिरह की याद ही नहीं थी। यहां तक कि घर लौटने के बाद केक देखने के बावजूद उसे याद नहीं आयी।

स्याली ने बहुत ही इतमीनान से उसे याद दिलाया और कहा कि वह फ्रेश हो जाए ताकि वे एक साथ केक काट सकें। जैसे ही वह तैयार होने के लिए गया, वैसे ही उसकी बहन फूट पड़ी, ''ऐसे बेसुध आदमी के साथ तुम कैसे रहती हो? मैं जानती हूँ कि वह तुमसे वास्तव में प्यार करता है। मगर वह बहुत परेशान करने वाला है। वह सभी महत्वपूर्ण तिथियां भूल जाता है, अपने जूते कमरे के बीच में रख देता है और अन्य दूसरी बातों का भी ख्याल नहीं रखता है .... और वगैरह वगैरह ? तुम उसे कुछ कहती क्यों नहीं हो?''

विचार–मंथन

1. स्याली ने क्या जवाब दिया?
2. इस कहानी से क्या शिक्षा मिलती है?

नीचे दिए गए जवाब को देखने से पहले विचार–मंथन आपको स्वयं इन प्रश्नों का जवाब सोचने के लिए प्रोत्साहित करता है।

जवाब

1. स्याली ने कहा, ''मैं इन्हें इसलिए कुछ नहीं कहती हूँ कि स्नेह का महत्व पूर्णता से कहीं अधिक है।''
2. हमें इस बात को ध्यान रखना चाहिए कि अपने पति/पत्नी का दोष ढूंढने और उनके कारण होने वाली परेशानी के बारे में शिकायत करने से अधिक महत्वपूर्ण है एक–दूसरे के प्रति प्रेम का होना। स्याली जानती थी कि उसका पति उससे प्रेम करता है और यह अधिक महत्वपूर्ण है बजाय उनसे पूर्णता की अपेक्षा करने की।

75
जीना होगा

रोजर संपूर्ण रूप से एक चिंतक था। हर घटना के प्रति उनका सकारात्मक दृष्टिकोण रहता था। यदि किसी मित्र की हड्डी टूट जाती थी तो वह कहता था, ''तुम्हें ईश्वर के प्रति कृतज्ञ होना चाहिए कि तुम बच गए। हड्डी जल्द ही जुड़ जाएंगी।'' अनेक बार उनकी बातें उन लोगों की समझ से परे होती थी जो उनके नजरिए से दुनिया को नहीं देख पाते थे। यदि उनकी पत्नी उनसे कहती थी कि कामवाली अगले दो दिनों तक नहीं आने वाली थी तो वह कहा करते थे, ''बहुत अच्छा! खाना मत पकाओ। हमलोग अगले दो दिनों तक बाहर खाना खा लेंगे। यद्यपि खाना बनाने से छुट्टी मिलने की खुशी होने के बावजूद यदि उनकी पत्नी उस परिस्थिति पर गंभीरतापूर्वक विचार करती कि यदि कामवाली एक सप्ताह की छुट्टी कर लेती तब उसके पति क्या उपाय बताते।

मगर किसी भी परिस्थिति से रोजर के सकारात्मक चिंतन पर कोई असर नहीं पड़ने वाला था। यहां तक कि जब उसका 30 साल का जवान बेटे की कैंसर से मौत हो गई तब भी वह खुश था क्योंकि वह सोचता था कि उसके बेटे को वेदना से मुक्ति मिली। अब, बासठ साल की उम्र में उन्होंने खुद को अनाथालय के काम में व्यस्त कर लिया। इस काम से वे ऐसे अनेक बच्चों के जीवन में आनंद और खुशी लाते थे जो जीवन की मूलभूत आवश्यकताओं से वंचित हो गए थे।

एक दिन जब वह सड़क पार कर रहे थे तब उन्होंने अनाथालय की एक लड़की को सड़क पार करते हुए देखा। सड़क पार करते समय वह अपनी गुड़िया से बात करने में मसरूफ थी। यह देखकर वह

परेशानी में पड़ गए। उन्होंने यह भी देखा कि कुछ कार उस लड़की की तरफ नीचे सड़क पर आ रही हैं जो उसे कुचल देगी। बिना कुछ सोचे–समझे वह उस लड़की की ओर दौड़ पड़े और उसे अपनी बांहों में उठा लिया। इतने में एक कार ने उन्हें ठोकर मार दी और वे सड़क पर गिर पड़े मगर उन्होंने अपनी बांहों में उस बच्ची को थामें रहा ताकि सड़क पर गिरकर उसे चोट न पहुंचे।

उन्हें अस्पताल पहुंचाया गया। बच्ची को नुकसान नहीं पहुंचा मगर डॉक्टर ने रोजर की हालत गंभीर बतायी। चिकित्सकों ने उनकी पत्नी को बताया कि रोजर को बचाना मुश्किल है। उसके बिस्तर के बगल में पत्नी सुबक–सुबककर रो रही थी। वह रोजर से पूछी, "तुमने मेरे बारे में क्यों नहीं सोचा। तुम्हारे बिना मैं पूरी ज़िंदगी कैसी गुजारूंगी।" उसने कहा, "जानेमन, सकारात्मक सोचो। यदि तुम जीओगी तो तुम्हारे माध्यम से मैं भी जीवित रहूंगा।"

विचार–मंथन

1. इस परिस्थिति का सकारात्मक पक्ष क्या था?
2. रोजर कैसे जीवित रहेगा?

नीचे दिए गए जवाब को देखने से पहले विचार–मंथन आपको स्वयं इन प्रश्नों का जवाब सोचने के लिए प्रोत्साहित करता है।

जवाब

1. सकारात्मक पक्ष यह था कि रोजर में अपनी ज़िंदगी का काफी हिस्सा जी लिया था। उसने उस लड़की को बच्चा लिया वरना वह मर जाती अथवा ज़िंदगीभर के लिए अपाहिज होकर रह जाती।
2. रोजर चाहता था कि उसकी पत्नी उसके लिए शोक मनाने के बजाय उसकी स्मृति में अनाथालय के बच्चों की मदद करती

रहे। वह पत्नी को समझाना चाहता था कि जीवन सिर्फ स्वयं के लिए जीना नहीं है बल्कि दूसरों की मदद करने तथा उनमें सकारात्मक दृष्टिकोण विकसित करने के लिए भी होता है। वह अपनी पत्नी के कार्य के जरिए जीवित रहेगा।

76
छोटा बनाम बड़ा

एलिस और उसके पति के पास एक छोटे शहर में एक बेकरी थी। उसके पास जो कुछ भी छोटी पूंजी थी उसको उन्होंने इस बेकरी में लगा दी थीं। यह बेकरी उन्होंने अपने एक सेवानिवृत दोस्त से ली थी। एलिस दिलोजान से उत्पाद तैयार करती थी और उसका पति उस बेकरी के प्रबंधन में लगा रहता था।

एलिस की बेकरी की ख्याति बहुत जल्द ही फैल गई और हर उम्र के लोग उसके यहां स्वादिष्ट केक, पैस्ट्री, बन, मफिन एवं तरोताजा ब्रेड के लिए आने लगे। लोगों की प्रतिक्रिया से उत्साहित होकर पति–पत्नी और बेहतर ढंग से काम करने लगे। सामग्री के एक मानक मूल्य रखने के साथ–साथ वे अपने ग्राहकों से पूछा करते थे कि वे किस तरह के उत्पाद नियमित रूप से खरीदना चाहेंगे। वे हर उत्पाद में उचित फ्लेवर डालने के लिए कठिन परिश्रम करने लगे। इस प्रकार वे जान गए थे कि हर परिवार की क्या पसंद थी और उन्हें विशेष अवसरों पर क्या चाहिए था। एलिस के पति अपने ग्राहकों और उनके परिवारजन के जन्म–दिवस, शादी की सालगिरह जैसे सभी विशेष अवसरों के डाटाबेस रखते थे।

जल्द ही उन्हें बेकिंग के लिए दो सहयोगियों को रखना पड़ा। लेकिन एलिस ने सिर्फ उन्हीं लोगों पर बेकिंग का काम नहीं छोड़ा। वह इस बात को सुनिश्चित करती थी कि उसके प्रत्येक ग्राहक को उसकी पसंद की चीज ही मिले। अपने ग्राहकों को कुछ नई चीज देने के लिए उन्होंने पकवानों और उनकी निर्माण सामग्रियों पर भी उन्होंने शोध किया। अनेक महिलाओं ने अपने परिवार के परंपरागत पकवानों से उसे अवगत करायी और उसने उनमें से कुछ पकवानों को अपनी

सामग्री सूची में शामिल कर ली। इसी तरह उसके पति को काउंटर पर भी दो सहयोगियों को नियुक्त करना पड़ा। मगर वह भी काउंटर उन दोनों के भरोसे नहीं छोड़ता था। वह अपने सभी ग्राहकों से खुद ही मुखातिब होता था। पूरा शहर – बूढ़े–जबान सभी उस बेकरी और उसके मालिक से प्यार करते थे।

मगर एक दिन खाद्य सामग्री की एक बहुराष्ट्रीय कंपनी गाँव में अपनी पकड़ कायम करने के लिए उनसे संपर्क किया और उन्हें अपना कारोबार भारी राशि में उसके हाथों बेच देने के लिए मनाने का प्रयाय किया। बहुत अधिक दबाव और अनुरोध के बावजूद इन्होंने इंकार कर दिया।

अंततः उस कंपनी ने एलिस की बेकरी के बगल में ही एक दूसरी जगह पर अपनी दुकान खोल दी। इसके सामने का भाग एलिस की दुकान से दुगुना था, प्रकाश की व्यवस्था बहुत सुहावना थी और सजावट बहुत ही कलात्मक थी। उसके पास 5–6 प्रशिक्षित कार्मिक थे और उतनी ही संख्या में बेकर। इसने भव्य उद्‌घाटनल समारोह किया जिसमें उद्‌घाटन के लिए एक प्रसिद्ध फिल्म स्टार को बुलाया। कंपनी को इस बेकरी से भारी लाभ की अपेक्षा थी।

त्यौहार का मौसम में करोबार ठीक रहा मगर बाद में इस नई बेकरी का काम ठीक से नहीं चला हलांकि एलिस की बेकरी अभी भी अच्छी तरह स`चल रही थी। कंपनी का प्रबंधन इस बात से चिंतित था कि इतने निवेश, सुप्रशिक्षित पेशेवर कर्मचारी और उन्नत साजोसज्जा के बावजूद उनकी बेकरी ठीक से नहीं चल रही थी। इसका कारण पता लगाने के लिए एक प्रबंधक वहां आया। जब उसे कारण पता चला तो वह परेशान हो गया।

विचार–मंथन

1. नई बेकरी का कारोबार एलिस की बेकरी इतना क्यों नहीं चल रहा था?
2. इस कहानी से क्या शिक्षा मिलती है?

नीचे दिए गए जवाब को देखने से पहले विचार–मंथन आपको स्वयं इन प्रश्नों का जवाब सोचने के लिए प्रोत्साहित करता है।

जवाब

1. कंपनी ने नई बेकरी की स्थापना केवल लाभ कमाने के उद्देश्य से की थी। खूबसूरत सजावट, विनम्र कर्मचारी और प्रशिक्षित बेकर होने के बावजूद यह बेकरी लोगों को वैसा व्यक्तिगत स्नेह और सुकून देने में असमर्थ हो रही थी जैसा एलिस की बेकरी दिया करती थी। जहां एलिस की बेकरी लोगों की पंसद से वाकिफ थी और तदनुरूप उत्पाद तैयार करती थी वहीं नई बेकरी अपने फायदे को ध्यान में रखकर लोगों की पंसद की परवाह किए बिना मानक उत्पाद तैयार करती थीं। स्टाफ विनम्र थे और उनका रवैया भी सहयोगात्मक था परंतु लोगों से बातचीत दौरान वे व्यक्तिगत स्नेहसूत्र कायम नहीं कर पाते थे। इस प्रकार लोगों का नई बेकरी की ओर वैसा खिंचाव नहीं हो पाया।
2. ग्राहकों के प्यार से कोई व्यवसाय बढ़ता है। कोई व्यवसाय कितना भी बड़ा क्यों न हो यदि वह ग्राहकों से व्यक्तिगत स्नेह संपर्क कायम कर नहीं पाता है तो वह सफल नहीं होता है।

77
खुद के दायरे से बाहर निकलो

सुभाष ने असमय यह बात कही, "मैं अभी भी ठीक महसूस नहीं कर रहा हूँ। मगर तुम्हें कहने से क्या लाभ? मुझे तो ऑफिस जाना ही पड़ेगा।" शालिनी ने गहरी साँसें लीं। यह सच है कि वह कुछ समय से बीमार चल रहे हैं और डॉक्टर ने कल ही उन्हें स्वस्थ होने का प्रमाण–पत्र दिया है। मगर वह अभी भी बीगार क्यों महसूस कर रहे हैं? उसे आश्चर्य हुआ।

उसने उनके जीवन पर विचार किया। कदाचित् उनलोगों ने जो चाहा उन्हें वे सभी चीजें मिली फिर भी सुभाष सही मायने में प्रसन्न नहीं रहता था। जब तक उसकी माता जीवित थी तब तक यह उनके लिए बर्दाश्त के लायक थी। मगर एक साल पहले माता की मृत्यु के बाद वह अक्सर बीमार पड़ने लगे। उनका सर्वोत्तम उपचार करवाया गया। मगर किसी उपाय से वह ठीक नहीं हो सके। शालिनी सोचने लगी, "परेशानी की वजह बीमारी है अथवा उनकी सोच है?" परिवार के दूसरे लोग, उनके पिता जी, शालिनी और बच्चों को भी उनकी माँ की याद आती रहती थी। लेकिन उन सबको खुद को मनाना पड़ा।

सुभाष सदा से असंतुष्ट रहने वाले थे। उनकी नजर में कोई भी चीज बहुत अच्छी अथवा खूबसूरत नहीं होती थी। हालांकि वह खुद नहीं मानते थे वह आत्म–केंद्रित थे। अक्सर वह खुद के दायरे से बाहर नहीं निकल पाते थे।

शालिनी ने समाधान करने का निर्णय लिया। वह सुभाष को अपने घर से दूर एक डॉक्टर के पास ले गई। पलायनवादी सुभाष ने पूछा, "क्या वह विशेषज्ञ हैं?"

इस पर शालिनी ने कहा, ''जी नहीं, वह शीना के परिवारिक डॉक्टर हैं और बहुत अच्छे हैं।''

डॉक्टर ने धैर्यपूर्वक उनकी स्वास्थ्य समस्या को सुना, पहले की उनकी रिपोर्टें देखीं। उन्होंने सलाह–पर्ची पर कुछ लिखा और उसे एक लिफाफे में बंद कर दिया। डॉक्टर ने सुभाष से कहा कि घर जाकर जब वह अकेले हो तब उस लिफाफे को खोलें।

सुभाष ने पूछा कि अब अगली बार वह उनसे मिलने कब आएगा। इस पर डॉक्टर ने कहा कि उसकी कोई जरूरत नहीं है यदि वह सलाह–पर्ची का अनुसरण करेंगे।

''यदि मुझे पर्ची समझ में नहीं आयी तो, डॉक्टर?''

''बहुत खूब तब तक आप इसके बारे में सोचते रहें।''

सुभाष उत्सुकतापूर्वक घर गए और कमरे को अंदर से बंद करके पर्ची को खोला। उसे घोर आश्चर्य हुआ जब उसने पर्ची पर लिखा हुआ देखाः

''खुद के दायरे से बाहर निकलो।''

एक सप्ताह बाद शालिनी ने डॉक्टर को धन्यवाद कहने के लिए फोन किया।

विचार–मंथन

1. इस सलाह–पर्ची को लिखने के पीछे डॉक्टर का क्या मकसद था?
2. इस कहानी से हमें क्या शिक्षा मिलती है?

नीचे दिए गए जवाब को देखने से पहले विचार–मंथन आपको स्वयं इन प्रश्नों का जवाब सोचने के लिए प्रोत्साहित करता है।

जवाब

1. सलाह–पर्ची के माध्यम से डॉक्टर ने सुभाष को सजग करना चाहा कि वह अपने दुख और उसका उसके शरीर पर पड़ने वाले प्रभाव से बाहर निकलें। उसने यह महसूस नहीं किया कि उसकी माता के निधन का दुख उसके पिता, उसकी पत्नी और उसके बच्चे को भी है। यदि सुभाष को इससे कुछ हो जाता तो कल्पना करें कि इससे उसके पिता पर क्या गुजरता। अपने परिवार का शक्ति–स्रोत बनने के बजाय वह ऐसी हरकत कर रहे थे जैसे उसकी माता के जाने का दुख सिर्फ उसीकी को है। इस सलाह–पर्ची के माध्यम से डॉक्टर उसे समझाना चाहते थे कि वह खुद के दायरे से बाहर निकले।

2. जब कोई त्रासदी होती है तो आपके प्रियजन भी प्रभावित होते हैं। वे आपसे कम उम्र के और कमजोर भी हो सकते हैं। ऐसी परिस्थिति में आपका कर्तव्य है कि आप खुद मजबूत बनते हुए उन्हें दुख से बाहर निकलने में उनकी सहायता करें।

78
रहस्य

सुसान मान बैठी थी कि उसके पति का किसी के साथ चक्कर चल रहा है। इसके छोटे–मोटे संकेत थे – वह अब उससे कटने लगा है, पहले वह स्वाभाविक रूप से हर जगह उसके साथ जाना चाहता था मगर इन दिनों वह उससे बचना चाह रहा है, पहले जहां कहीं वह जाती थी तो पूछने लगता था कि वापस कब आओगी, किंतु इन दिनों वह ऐसा कुछ भी नहीं कर रहा है ....

साथ ही वह झूठ भी बोलने लगा है। हाल ही में जब सुसान अपने चचेरी बहन के यहां रूकी थी तब उसने नहीं कहा था कि वह भी छुट्टी मनाने कहीं जा रहा है। जब वह लौटकर आयी तो उससे काम वाली ने कहा कि घर पर तीन दिनों तक कोई नहीं था।

वास्तव में वह ऐसा कभी नहीं करते था। अर्नोल्ड काफी पढ़े लिखे इंसान थे। एक बैंकर के रूप में उनकी ख्याति थी। वह एक पारिवारिक व्यक्ति थे। वह अपने बच्चों और सुसान से प्यार करते थे। वह अपने परिवार के सदस्यों की हर मांग पूरी करते थे।

सुसान ने पाया कि कुछ समय पहले उसकी माँ की मौत होने के बाद से वह बदलने लगा है। उसने आश्चर्य की कि आखिर गलती कहां हुई है? क्या उसने कोई गलती की है। मगर उसे आत्म परीक्षण से लगा कि उसकी कोई भी गलती नहीं है। वह अर्नोल्ड के दोस्तों, चचेरे भाई–बहनों और परिवार के बीच काफी लोकप्रिय थी तथा उनलोगों के अनुरूप खुद को तुरंत ढाल ली थी। केवल अपवाद सुसान की माँ ही थी। सुसान को अपनी सास के साथ तालमेल नहीं बन पाया था।

लेकिन उसकी सास उसी शहर में अनेक वर्षों से अलग रह रही थी।

उसने निर्णय लिया कि वह रहस्य जानकर रहेगी। एक शाम जब बच्चे घर पर नहीं थे तब वह अर्नोल्ड से भिड़ गई।

उसने सीधे पूछ बैठी, ''क्या इन दिनों तुम्हारा किसी के साथ चक्कर चल रहा है?''

उसने गहरी साँसें लीं और सुसान की आँखों में आँखें डालकर कहा, '' जी हाँ।''

उसने शांति से कहा, ''मुझे इसी बात का डर था। कब से?''

उसने कहा, ''तुम्हारी माँ की मौत के बाद से।''

उसने कहा, ''तुम मेरे साथ ऐसी बात कैसे कर सके?''

उसने शांतिपूर्वक कहा, ''यही सच्चाई है।''

सुसान उसकी ओर देखा और हतप्रभ रह गई। ''क्या तुम्हारा मतलब एन्नी से है?''

एन्नी सुसान की छोटी बहन थी।

''बस करो, सुसान! एन्नी मेरी बच्ची के समान है।''

''तब वह कौन है? उसके बारे में मैं तो जानूं?''

वह चिल्लायी, ''मैं भी तो जानूं कि मेरे रहते हुए तुम्हारा किसके साथ चक्कर चल रहा है?''

''मेरे जीवन तुम्हारा प्रवेश होने से पहले से मैं उससे प्यार कर रहा हूँ और मैं मरते दम तक उससे प्रेम करते रहूंगा।''

''मैं जानना चाहती हूँ कि वह कौन है... ''

उसने कहा, ''जरूर''। वह तस्वीरों की फाइल की ओर गया और एक फोटो फ्रेम निकालकर सुसान के सामने रख दिया।

रूआसी आँखों से वह अपनी सासु माँ की तस्वीर को निहारने लगी।

विचार-मंथन

1. अर्नोल्ड अपनी माँ से छिपकर क्यों मिलता था?
2. इससे सुसान को क्या शिक्षा मिली?
3. इस कहानी से क्या शिक्षा मिलती है?

नीचे दिए गए जवाब को देखने से पहले विचार-मंथन आपको स्वयं इन प्रश्नों का जवाब सोचने के लिए प्रोत्साहित करता है।

जवाब

1. अर्नोल्ड अपनी माँ से दूर रहने लगा था क्योंकि सुसान की उसकी माँ के साथ नहीं बनती थी। अपने पारिवारिक प्रतिबद्धता के कारण वह अपनी माँ से कभी-कभार ही मिल पाता था। लेकिन सुसान की माँ की मृत्यु हो जाने के बाद अर्नोल्ड ने महसूस किया कि उसकी अपनी माँ भी तो बूढ़ी होती जा रही है। उसने अपने जीवन में उनके स्थान को महसूस किया और सोचा कि उन्हें भी प्यार की जरूरत है। वह उनके साथ समय बिताने लगा। उसने यह कार्य छिपकर शुरू किया क्योंकि वह सुसान को आहत नहीं करना चाहता था।
2. सुसान ने महसूस की कि जहां इतने वर्षों के दौरान उसे अपनी माँ का साथ मिला वहीं अर्नोल्ड अपनी माँ के साथ समय नहीं बिता सका। वह दूसरी जगह रहती थी और उनके पास नहीं पहुंचती थी क्योंकि दोनों के बीच नहीं बनती थी। उसका वह महत्वपूर्ण वक्त हाथ से निकल गया जो उसे अपनी माँ के साथ बिताना चाहिए था। उसने उस तथ्य को भी महसूस करने का प्रयास की कि अर्नोल्ड की माँ और उसके बीच अच्छे रिश्ते नहीं होने के कारण उसके पति अपने मन की बात उसके साथ साझा नहीं कर सके।

3. खास रिश्तों का ख्याल ठीक से रखना चाहिए। इस धरती पर हर कोई सदा रहने के लिए नहीं आया है। समय आने पर लोग छोड़कर चले जाते हैं। अपने खास रिश्तों के लिए वक़्त निकालने की जिम्मेदारी हमारी होती है।

79
चाय में मक्खी

योगेश के पिता हमेशा महसूस करते थे कि उसके बच्चे की पीढ़ी के लोग प्रकृति से बहुत दूर हो गए हैं और इसी की वजह से वे परेशान हैं। वे टी.वी., मोबाइल, पी.सी. और टैब के साथ चिपके रहते हैं तथा प्रकृति से कोई लगाव रह ही नहीं जाता है। उन्हें किताबों के जरिए ही थोड़े–बहुत पेड़–पौधों और जानवरों की जानकारी हो पायी। इसलिए जब उन्हें किशोरों के लिए पर्वतारोहण आयोजित करने वाले एक संगठन के साथ संपर्क हुआ तब उन्हें योगेश का भी नाम उसमें लिखा दिया और उन्होंने अपने दोस्तों को भी अपने बच्चों को इसमें शामिल करवाने के लिए कहे। गाईड ने योगेश के पिता को आश्वस्त किया, ''आपका बेटा जब वापस आएगा तब उसमें परिवर्तन हो चुका होगा।''

पहला दिन पर्वतारोहण अल सुबह शुरू हो गया। दिन के दस बजते–बजते अधिकांश बच्चे थककर चूर हो गए और गाईड बच्चों के साथ एक छोटी–सी सराय में रूक गए ताकि उन्हें चाय पिलाकर तरोताजा किया जा सके।

जब बच्चे चाय ले रहे थे तभी योगेश उठा और चिल्लाने लगा, ''हे भगवान, मेरी चाय में मक्खी पड़ गई!'' गाईड ने तुरंत उठकर उन्हें शांत रहने की हिदायत दी। उन्होंने सराय मालिक को अलग से एक ग्लास चाय लाने के लिए कहा। साथ ही गाईड सतर्की से चाय से मक्खी निकालकर बाहर चले गए।

कुछ समय के बाद योगेश को दूसरी चाय दी गई। योगेश ने जब चाय पी ली तब सराय का युवा सहयोगी दौड़कर गाईड के पास आया और मुस्कुराते हुए उनसे कहा.......

योगेश अपने व्यवहार से शर्मिन्दा है।

विचार–मंथन

1. युवा सहायक ने गाईड से क्या कहा?
2. यह कहानी क्या प्रभाव छोड़ती है?

नीचे दिए गए जवाब को देखने से पहले विचार–मंथन आपको स्वयं इन प्रश्नों का जवाब सोचने के लिए प्रोत्साहित करता है।

जवाब

1. सहायक ने गाईड से कहा, "सरजी, सहायता के लिए धन्यवाद। मक्खी जी जाएगी।"
2. हम सोचते हैं कि मक्खी जैसे कीड़े–मकोड़े हमारी दुनिया में खलल डालते हैं। मगर सच तो यह भी है कि हमलोग उनकी दुनिया में खलल डालते हैं। जिस तरह से हमें जीने का अधिकार है उसी तरह से दूसरे जीवों को भी है। गाईड बच्चों को यही शिक्षा देना चाहते थे।

80

उसके बदले मुझे मौत आ जाए

निर्मला का पोता हमेशा बीमार रहता था। उसकी बीमारी से उसके माता–पिता हमेशा चिंतित रहते थे। उन लोगों ने बहुत–से डॉक्टरों से संपर्क किया लेकिन किसी ने भी समस्या का असली कारण नहीं बताया।

निर्मला अपने पोते के भविष्य के प्रति चिंतित होकर अक्सर कहा करती थी, "हे भगवान, इस नन्हीं जान को क्यों इतनी मुसीबत देते हो? उसे ठीक से जीने दो। मैं बूढ़ी हो गई हूँ और मैंने अपनी ज़िंदगी जी ली है। यदि तुम चाहो तो मुझे उठा लो।" ऐसा वह हर मिलने वाले से कहा करती थी।

एक दिन भगवान ने उसकी परीक्षा लेने की सोची। भगवान उसके सपने में आए और बोले, "मैं तुम्हें लेने के लिए आया हूँ। तुम्हारे मरने का समय हो गया है।"

अचानक निर्मला की आँखें खुल गई। वह चिल्लाने लगी। उसने कहा.

विचार–मंथन

1. निर्मला ने क्या कहा?
2. इस कहानी से क्या शिक्षा मिलती है?

नीचे दिए गए जवाब को देखने से पहले विचार–मंथन आपको स्वयं इन प्रश्नों का जवाब सोचने के लिए प्रोत्साहित करता है।

जवाब

1. निर्मला ने कहा, "मुझे छोड़ दें भगवान्! मैं अभी भली चंगी हूँ। मेरा पोता हमेशा बीमार रहता है। यदि आप ले ही जाना चाहते हैं तो उस`ले जाएं।"
2. किसी और के बदले खुद को उठा लेने की अर्ज करना आसान है मगर जब जाने का वक्त आता है तो लोग जीवन के प्रति और भी मोहग्रस्त हो जाते हैं। जब वास्तव में मौत की संभावना सामने आ गई तब निर्मला को इस तथ्य का ज्ञान हुआ।

81
माँ समझ जाएगी

रॉकी के पास सब कुछ था। एक फोटोग्राफर के रूप में अच्छी नौकरी, सीखने और दुनियाभर की सैर करने के अवसर..... केवल एक ही समस्या था कि मुम्बई में उसे अपने घर पर माँ को अकेले छोड़कर जाने की। उसे एक बार में कई सप्ताह तक बाहर रहना पड़ता था और जब मुम्बई में होता था तब सप्ताह में भी शायद ही माँ से ठीक से मिल पाता था। मगर वह समझ गया था कि ऐसे ही समय गुजरता है। उसकी माँ भी उसके जॉब के दबाव को महसूस करती थी और उत्साहित करते रहती थी।

एक बार वह काम से कनाडा गया था। अगले सप्ताह उसकी माँ का जन्म–दिन था। रॉकी ने योजना बनायी थी कि वह इस अवसर पर अपनी माँ के साथ होगा। मगर कंपनी उसे एक प्रशिक्षण का अवसर दे रही थी जिसके लिए उसे कनाडा में रूकना पड़ता। इसका मतलब यह था कि वह माँ के जन्म–दिन पर उनके साथ नहीं होगा। लेकिन उसे विश्वास था कि माँ उसकी मजबूरी को समझ जाएगी जैसा कि वह अक्सर समझ जाया करती थी।

एक दिन जब वह गली में घूम रहा था तब उसकी नजर फूलों की दुकान पर पड़ी। उसने ऐसी खूबसूरत फूलों को कभी नहीं देखा था। उसने सोचा कि यदि माँ इन फूलों को देखती तो कितनी खूश होती। उसे फूल वाले से उन्हें पैक करने के लिए कहा और यह भी कहा कि इसे उसके मुंबई पते पर भेज दें। यह न्यूनतम काम ही वह कर सका।

जैसे ही वह आगे बढ़ा वैसे ही देखा कि एक छोटा–सा लड़का उसके फूलों को बहुत ग़ौर से देख रहा था। उसने जाकर उस लड़के से

पूछा कि क्या कुछ गलत था। उस लड़के ने कहा कि वह फूल अपनी माँ के लिए चाह रहा था मगर उसके पास पैसे नहीं थे। रॉकी ने उस लड़के से कहा, ''कोई बात नहीं। तुम जो फूल चाहो उसे मैं खरीद दूंगा।'' और उसने लड़के की पसंद की फूल खरीद दी।

इसके बाद उस लड़के ने कहा, ''सर, आप मुझे मेरे घर तक छोड़ देंगे? मेरे पास किराए के लिए पैसे नहीं हैं। रॉकी ने हामी भरी। वह लड़के के साथ उसके गंतव्य तक गया। उसे आश्चर्य हुआ जब लड़के ने एक कब्र की ओर संकेत किया। एक कब्र को दिखाते हुए उस लड़के ने कहा, ''यहाँ पर मेरी माँ है।''

विचार–मंथन

1. लड़के की बातों का रॉकी पर क्या प्रतिक्रिया हुई?
2. इस कहानी से हमें क्या शिक्षा मिलती है?

नीचे दिए गए जवाब को देखने से पहले विचार–मंथन आपको स्वयं इन प्रश्नों का जवाब सोचने के लिए प्रोत्साहित करता है।

जवाब

1. इससे रॉकी अचंभित हो गया और अपना प्रशिक्षिण रद्द कर वह अपनी माँ के जन्म दिवस पर उससे मिलने पहुंच गया।
2. हम बड़े इतमीनान से मान लेते हैं कि हमारे प्रियजन हमारी समस्या को समझ जाएंगे और तदनुसार तालमेल बैठा लेंगे। हम ऐसा मान लेते हैं कि हमारे प्रियजन हमारे साथ सदा बने रहेंगे। हालांकि हम उनके समय और उनकी आवश्यकताओं को महत्व नहीं देते हैं तथा वे एक दिन हमें बिना कुछ बताए हमसे बहुत दूर निकल जाते हैं। यह महत्वपूर्ण है कि जब वे हमारे साथ होते हैं तब हम उनकी उपस्थिति का महत्व समझें।

82
अनिवार्य विवाह

एक समय की बात है। यह धनी व्यापारी थे। उनका नाम ध्यानचंद था। उनकी दो बेटियां थीं – रोहिणी और रूपा। रूपा छोटी थी। वह खूबसूरत थी और खुशमिजाज भी। बड़ी बहन रोहिणी कर्तव्यनिष्ठ थी मगर रूपा इतनी खूबसरूत नहीं। फिर भी रोहिणी अपने पिता कि प्रिय बेटी थी क्योंकि वह शांत एवं समझदार स्वाभाव की थी। वह व्यापारी अपनी दोनों बेटियों के लिए वर की तलाश में थे।

उस समय एक आदमी को एक से अधिक पत्नी की अनुमति थी। यह अपेक्षा की जाती थी कि वह अपनी सभी पत्नियों के साथ न्यायपूर्ण एवं समान बर्ताव करेगा।

रजत एक जमींदार का लड़का था और वह खूबसूरत था। वह कुछ समय से रूपा से प्यार कर रहा था। वह ध्यानचंद के पास जाकर विवाह हेतु रूपा का हाथ मांगा। हालांकि ध्यानचंद पहले रोहिणी का विवाह करना चाहते थे क्योंकि वह बड़ी थी। उसने यह भी महसूस किया कि रजत रोहिणी के लिए अधिक अनुकूल है।

मगर यह देखते हुए कि रजत का झुकाव रूपा की ओर है, ध्यानचंद ने अपनी शर्त रखी कि रजत रूपा से विवाह कर सकता है मगर उसे रोहिणी से भी विवाह करना पड़ेगा। रजत ने ध्यानचंद समझाना चाहा कि उसे रोहिणी में दिलचस्पी नहीं है लेकिन ध्यानचंद मानने के लिए तैयार ही नहीं था।

रजत ने जब महसूस किया कि कोई अन्य विकल्प नहीं है तो उसने ध्यानचंद की बात मान ली और रोहिणी से भी विवाह करने के लिए तैयार हो गया। विवाह के बाद रजत रूपा के प्रति पूरी तरह से

समर्पित हो गया। उसने रोहिणी की ओर कोई ध्यान नहीं दिया। रोहिणी को अपने आपमें जीकर रहना पड़ा। हालांकि रोहिणी रजत से प्रेम करती थी मगर रजत रोहिणी को प्रेम नहीं करता था। रजत और रूपा में अनन्य लगाव था। रोहिणी उनके बीच खुद को बाहरी महसूस करती थी। रूपा ने भी अपनी बहन की मदद नहीं की।

एक वर्ष तक इस तरह से अपना समय व्यतीत करने के बाद रोहिणी ने रजत के बर्ताव के बारे में अपने पिता से शिकायत की। उसने अपने पिता से कहा कि वह रजत के साथ नहीं रहेगी। जब ध्यानचंद ने इस बारे में रजत से पूछताछ की तो उसने भी कहा कि वह रोहिणी से प्रेम नहीं करता है और उसके साथ रहना नहीं चाहता है। इससे ध्यानचंद को गुस्सा आ गया। रजत ने ध्यानचंद से जो वादा किया था उससे वह पीछे हटना चाह रहा था। ध्यानचंद इस मामले को राजा के पास ले गए। राजा ज्ञानी एवं न्यायप्रिय व्यक्ति थे। राजा ने दोनों पक्षों की बात सुनी।

ध्यानचंद ने उनसे कहा कि रजत रोहिणी से विवाह करने के लिए उसकी शर्तों पर सहमत हो गया था, इसलिए उसे रोहिणी को वैसा ही प्यार एवं सम्मान करना चाहिए जैसा कि वह रूपा से करता है।

रजत ने कहा कि वह रोहिणी से कभी भी विवाह नहीं करना चाहता था मगर ध्यानचंद ने उसके लिए कोई विकल्प ही नहीं छोड़ा। उसके मन में रोहिणी के लिए कोई दुर्भावना नहीं है मगर यदि वह उससे प्रेम नहीं करता है तो इसमें उसका क्या कसूर है?

रोहिणी ने राजा से कहा कि शुरू में वह इस विवाह के लिए सहमत पिता प्रति सम्मान के कारण हो गई थी मगर बाद में वह रजत से प्रेम करने लगी और अब उनके द्वारा तिरस्कृत होना उन्हें बर्दाश्त नहीं है। इसलिए वह अपने पिता के घर वापस आ जाना चाहती है।

विचार–मंथन

1. इस मामले में कौन शोषित था और कौन अपराधी?
2. राजा ने क्या फैसला सुनाया?

नीचे दिए गए जवाब को देखने से पहले विचार–मंथन आपको स्वयं इन प्रश्नों का जवाब सोचने के लिए प्रोत्साहित करता है।

जवाब

1. इसमें रोहिणी शोषित हुई क्योंकि वह जानती थी कि रजत उससे विवाह नहीं करना चाहता है फिर भी वह अपने पिता की इच्छा की पूर्ति करने के लिए विवाह करने पर सहमत हो गई। एक पत्नी को अपने पति के प्रति जो प्यार एवं सम्मान होना चाहिए उसने वैसा रजत के साथ की। लेकिन रजत ने उसका तिरस्कार किया। रजत दोषी था क्योंकि वह जानता था कि वह रोहिणी से प्यार नहीं करता है और उसके मन में उसके साथ न्यायपूर्ण व्यवहार करने की भी भावना नहीं है।
2. राजा का फैसला यह था कि रजत को रोहिणी को पत्नी के रूप में स्वीकार करना चाहिए और उसे एक पत्नी जैसा प्यार एवं सम्मान देना चाहिए। रोहिणी ने कभी कुछ गलती नहीं की थी और अपने आचरण में कर्तव्यनिष्ठ थी। वह रजत की जिम्मेदारी थी क्योंकि उसने रोहिणी से विवाह किया था। राजा ने यह भी महसूस किया कि रोहिणी को उसके पिता के घर में रहने की अनुमति देने से विवाह संस्था का उद्देश्य ही असफल हो जाता और दूसरों के लिए एक गलत उदाहरण साबित होता।

83
गुस्से की वजह जानना

भगवान बुद्ध ने अपने शिष्यों से पूछा, "जब दो लोग एक दूसरे से गुस्से में होते हैं तो क्यों जोर से एवं आक्रामक रूप से बात करते हैं जबकि वे एक–दूसरे के अगल–बगल में बैठे होते हैं?"

सभी शिष्यों ने इस प्रश्न पर विचार किया मगर वे इसका जवाब खोज नहीं पाए।

इसके बाद भगवान बुद्ध ने उनसे दूसरा प्रश्न पूछा, "ऐसा क्यों होता है कि जब दो लोग आपस में प्रेम करते हैं तो वे एक–दूसरे से दूर होते हुए भी आँखें से अथवा संकेत से ही एक–दूसरे से बात कर लेते हैं?

इस बार भी किसी शिष्य ने जवाब नहीं दिया। उन्होंने भगवान बुद्ध से ही समाधान करने का अनुरोध किया।

विचार–मंथन

1. भगवान बुद्ध ने क्या जवाब दिया?

नीचे दिए गए जवाब को देखने से पहले विचार–मंथन आपको स्वयं इस प्रश्न का जवाब सोचने के लिए प्रोत्साहित करता है।

जवाब

1. जब दो लोग एक–दूसरे के प्रति गुस्से में रहते हैं तो उनके दिलों की दूरी अधिक हो जाती है। उनके मन एक–दूसरे से बहुत दूर हो जाते है। वे शारीरिक रूप से एक–दूसरे के निकट होते हुए भी एक दूसरे से जोर से एवं आक्रामक रूप से बोलते हैं। मगर जब दो लोग प्रेम में होते हैं तो वे दिल और दिमाग से एक–दूसरे के बहुत करीब होते हैं। इसलिए उन्हें शारीरिक रूप से एक–दूसरे से दूर होते हुए भी जोर से बोलने की जरूरत नहीं होती है। वे आपस में इशारों से ही बात कर लेते हैं।

84
मेरा कुत्ता नहीं

श्रेया को अकेलापन हो गया था। अपने छात्रावासीय स्कूल से लौटने के बाद वह पूरे दिन अकेले रही। उसके माता–पिता काम पर गए हुए थे और उनके लौटकर आने तक श्रेया के साथ खेलने वाला कोई नहीं था। उसके वहां पर कोई दोस्त नहीं थे क्योंकि वह आस–परोस में किसी को नहीं जानती थी। उसके कामवाली की बेटी को कभी छुट्टी मिल जाती थी तो वह श्रेया के साथ समय बिताने के लिए आती थी।

श्रेया के जन्मदिन के अवसर पर उसके चाचा ने उसे कुत्ते का एक बच्चा दिया। इससे वह बहुत खुश हो गई। कुत्ते के इस बच्चे ने सब कुछ बदलकर रख दिया।

श्रेया ने उसका नाम स्नोवी रखा क्योंकि वह स्नो यानी बर्फ की तरह उजले रंग का था। उसने उसके गले में लाल फीता बांध दी। उसने स्नोवी के साथ एक सप्ताह हँसते खेलते बिता दी। कामवाली की बेटी भी स्नोवी के साथ खेलने के लिए आती थी।

मगर एक दिन सुबह में स्नोवी गायब हो गया। श्रेया और कामवाली की बेटी ने उसे खोजने के लिए एंड़ी–चोटी एक कर दी लेकिन वह कहीं नहीं मिला। इससे श्रेया बहुत दुखी और खिन्न हो गई। किसी की सांत्वना से उसे खुशी नहीं मिली।

एक दिन कामवाली की बेटी दौड़ते हुए उसके पास आयी और बोली कि उसने स्नोवी को दस साल के एक लड़के के साथ देखा है। उसने लड़के का पीछा किया और उसके घर का पता कर ली। श्रेया तुरंत कामवाली की बेटी के साथ उसके लड़के से मिलने निकल पड़ी।

वे दोनों बहुत ही संकड़े रस्ते से होते हुए शहर के झुग्गी वाले इलाके में गए। दोनों एक निर्माणाधीन मकान के पास गए। मकानवाली की बेटी ने कहा, 'पहली मंजिल' पर। दोनों पहली मंजिल तक दौड़कर गए। वहां दोनों ने चूल्हे पर खाना बनाते हुए एक औरत को देखा। दस साल का एक लड़का उसके पास बैठा हुआ था, उसके हाथ में किताब थी। उसके सामने एक चार साल का लड़का था जिसकी गोद में स्नोवी था।

स्नोवी उस लड़के के साथ खेल रहा था। स्नोवी उस लड़के की गोद से भाग गया मगर वह लड़का धैर्यपूर्वक बैठा रहा और स्नोवी के लौटकर उसकी गोद में आने तक इंतज़ार करते रहा। उस लड़के के कमर से नीचे के हिस्से में पक्षाघात था।

कामवाली की बेटी उस औरत के पास जाकर बोली कि यह कुत्ता उसका है। बड़ा लड़का शांत बैठा रहा और अपनी माँ की ओर देखता रहा। माँ ने पूछा, "राजू , तुम्हें यह कहाँ मिला?" उसने कहा, "मुझे यह गली में मिला। मैंने सोचा कि यह छोटू का अच्छा साथी बन जाएगा।"

कामवाली की बेटी ने फिर कहा कि यह उसका कुत्ता है। इस पर लड़के ने पूछा, "तुम्हें पक्का यकीन है कि यह तुम्हारा कुत्ता है?" कामवाली की बेटी ने आत्मविश्वास के साथ अपना सिर हिलाया और कहा कि उसने उसकी गरदन में लाला फीता बांधी थी। लड़के ने झिझकते हुए स्नोवी को हाथ में उठाकर लड़कियों के पास लाया। वह छोटा लड़का रोने लगा और अपने भाई को ऐसा करने से रोकने के लिए उठने का प्रयास करने लगा, मगर ऐसा नहीं कर सका।

लड़के ने श्रेया को कुत्ता लौटा दिया। वह छोटा लड़का जोर–जोर से रो रहा था। श्रेया ने कुत्ते को ग़ौर से देखा और उस लड़के को लौटा दिया।

वह बोली, "सॉरी, यह हमारा कुत्ता नहीं है।"

विचार–मंथन

1. यह जानते हुए कि वह कुत्ता उसी का था श्रेया ने कुत्ता क्यों लौटा दी?

नीचे दिए गए जवाब को देखने से पहले विचार–मंथन आपको स्वयं इस प्रश्न का जवाब सोचने के लिए प्रोत्साहित करता है।

जवाब

1. श्रेया ने देखा कि छोटा बच्चा जो चल भी नहीं सकता था उस कुत्ते के साथ खेल रहा था। उसी की तरह उस बच्चे के साथ भी कोई दूसरा खेलने वाला नहीं था। इसके अतिरिक्त वह बच्चा कहीं जा भी नहीं सकता था। कुत्ते का बच्चा ही उसका एक मात्र साथी था। इसलिए श्रेया ने कुत्ता का बच्चा उसे लौटा दिया ताकि वह उस बच्चे के साथी के रूप में रह सके। श्रेया के एकाकीपन से कहीं अधिक महत्वपूर्ण उस बच्चे की खुशी थी।

85
कड़वी दवा

रैना एवं रोहित मध्य आयु–वर्ग के दंपत्ति थे। जहां रैना एक आशावादी महिला थी और हमेशा सकारात्मक पक्षों पर ध्यान देती थी वहीं रोहित एक गरम मिज़ाज का इंसान था तथा हर चीज में दोष ढूंढते हुए संशय की दृष्टि से देखता था। वह शायद ही कभी किसी पर विश्वास करता था। उसके मातहत की भी शिकायत रहती थी उनके काम में वह हमेशा दोष ढूंढते रहते थे। वह आसानी से किसी बात से संतुष्ट नहीं होता है और न ही कभी किसी बात की अच्छाई की प्रशंसा करता था।

एक बार वे लोग किसी दोस्त के फार्म हाउस पर फैमिली पिकनिक पर गए थे। बरसात का मौसम था और उन लोगों के पेट में संक्रमण हो गया। चूंकि वे दोनों अस्वस्थ थे और अपने पारिवारिक डॉक्टर के पास जा नहीं सकते थे इसलिए वे नजदीक के डॉक्टर के पास चले गए।

रोहित बीमार होते हुए भी इस बात से थोड़ा परेशान था। उस डॉक्टर की क्लिनिक उसके पारिवारिक डॉक्टर की क्लिनिक की तरह पॉश कॉलोनी में नहीं थी लेकिन मरीजों की लम्बी कतारों को देखते हुए लगता था कि डॉक्टर काफी लोकप्रिय था। डॉक्टर ने उन दोनों को दवा दी और कहा कि एक सप्ताह के बाद वे फिर मिलें। रोहित ने पूछा, '6क्या आपको यकीन है कि मैं एक सप्ताह में ठीक हो जाऊंगा?'' इस पर डॉक्टर ने जवाब दिया, '' निश्चित रूप से ठीक हो जाएंगे।''

डॉक्टर की क्लिनिक से निकल जाने के बाद रोहित ने रैना से कहा, ''इस डॉक्टर ने जो दवा दी है उसके स्तर के बारे में मुझे बहुत अधिक यकीन नहीं है। उम्मीद करते हैं कि ये दवा काम करेगी।'' पूरी यात्रा के दौरान उसके मन में यह चलता रहा कि यह डॉक्टर किस

तरह से उसके परिवारिक डॉक्टर के जैसा योग्य नहीं है। वह उस डॉक्टर के उपचार से किस प्रकार पूरी तरह से संतुष्ट नहीं था।

उन दोनों ने हर रोज दवा की खुराक लेनी शुरू कर दी। रैना अगले तीन दिनों में स्वस्थ होने लगी। लेकिन रोहित ठीक नहीं हुआ। उसके पेट में पहले की तरह ही दर्द होता रहा। रोहित ने कहा, "मुझे मालूम था कि उसकी दवा काम नहीं करेगी।" रैना ने कहा कि वे डॉक्टर के पास जाएंगे और उनसे पूछेंगे कि कहां कमी रह गई।

जब वे लोग डॉक्टर के पास गए तब रोहित ने जोर देकर कहा, "डॉक्टर, मुझे पक्का यकीन था कि ये दवाएं काम नहीं करेंगी।" रैना ने परेशान होकर डॉक्टर से पूछा कि क्या कारण है कि दवा असर उस पर हुआ किंतु रोहित पर नहीं हुआ।

विचार–मंथन

1. डॉक्टर ने क्या कहा?
2. इस कहानी से क्या शिक्षा मिलती है?

नीचे दिए गए जवाब को देखने से पहले विचार–मंथन आपको स्वयं इन प्रश्नों का जवाब सोचने के लिए प्रोत्साहित करता है।

जवाब

1. डॉक्टर ने कहा, "मैंने एक गलती की। दवा तैयार करते समय आपकी पत्नी की दवा में मैंने विश्वास की अतिरिक्त खुराक डाल दी थी जबकि आपकी दवा में विश्वास की खुराक डालना भूल ही गया। यही वजह है कि वह ठीक हो गई और आप नहीं हुए।
2. हमें स्वस्थ होने में डॉक्टर की दवा के साथ–साथ विश्वास का भी प्रभाव पड़ता है। यदि हम मानते हैं कि दवाओं से हम ठीक नहीं हो पाएंगे तो कितनी भी अच्छी दवा क्यों न हो, हम ठीक नहीं हो पाएंगे। यदि हमारे मन में विश्वास हो तो सब कुछ संभव है।

86
कृष्ण की बाँसुरी

वृंदावन की गोपियाँ कृष्ण की बाँसुरी से ईर्ष्या करती थीं। प्रत्येक गोपी के मन में कृष्ण के सान्निध्य प्राप्त करने की लालसा रहती थी मगर उनकी बाँसूरी हमेशा उनके साथ रहती थी। कृष्ण जहां कहीं जाते थे उनकी बाँसूरी उनके साथ ही रहती थी।

एक बार गोपियों ने बाँसुरी से इस अभिन्नता की रहस्य पूछा। ऐसा क्या है जो कृष्ण उसे हमेशा अपने साथ रखते हैं जबकि वे उनकी एक झलक पाने के लिए तरसते रहते हैं? क्या उसने कोई जादू कर रखा है? क्या उस बाँसुरी में कुछ विशेष सुगंध है? क्या यह किसी विशेष पादार्थ से निर्मित्त है?

इस पर बाँसुरी ने जवाब दिया कि न तो वह किसी विशेष पदार्थ से निर्मित्त है और न ही उसमें कुछ विशेष सुगंध है। और न ही किसी प्रकार की जादू जानती है। इसके साथ ही उसने कहा कि उसका तो अपना अलग से कोई संगीत नहीं है।

इससे गोपियों को आश्चर्य हुआ। उन्होंने पूछा, ''तब तुम्हें कृष्ण का सान्निध्य कैसे प्राप्त है जब तुम्हारे पास अपना संगीत भी नहीं है? इस पर बाँसुरी ने जवाब दिया .....

विचार-मंथन

1. बाँसुरी ने क्या जवाब दिया?

____

नीचे दिए गए जवाब को देखने से पहले विचार–मंथन आपको स्वयं इस प्रश्न का जवाब सोचने के लिए प्रोत्साहित करता है।

जवाब

1. बाँसुरी ने कहा कि उसने पूरी तरह से स्वयं को कृष्ण के प्रति समर्पित कर दिया है। उसने अपना कोई संगीत भी नहीं बजाया। उसने वही संगीत निकाली जिसे कृष्ण ने निकालना चाहा। इसी कारण से उसे कृष्ण का सतत सान्निध्य प्राप्त हुआ है।

87

अपने विश्वास का प्रमाण दो

उस साल वर्षा होने में देर हो गई। गाँव के कुएँ तेजी से सूखते जा रहे थे। गर्मी बर्दाश्त से बाहर थी। अब उनकी आशा पंडितजी से ही थी। गाँव के लोग सलाह के लिए पंडितजी के पास जमा हो गए।

उन्होंने कहा, ''मैं भी इसी समस्या पर विचार कर रहा था। कल मुझे एक सपना आया था। वर्षा के देवता ने मुझे सपने में कहा था कि वह हमारे विश्वास की परीक्षा ले रहे हैं। उन्होंने कहा, ''तुम गाँव वासियों को मेरे में विश्वास की परीक्षा देनी होगी। इसके बाद ही तुम्हें वर्षा मिल सकेगी।''

गाँव के लोग आश्चर्य करने लगे। पंडिती ने आगे कहा, ''मैं सलाह देता हूँ कि वर्षा के देवता में अपने विश्वास का प्रमाण देने तथा उन्हें प्रसन्न करने के लिए हमें यज्ञ करना होगा।'' ग्रामीण लोग सहमत हो गए।

जल्द ही पूरे गाँव में यज्ञ को लेकर उत्साह का वातावरण फैल गया और वे वर्षो के देवता में अपने विश्वास का प्रमाण देने के लिए यज्ञ का आयोजन करने लगे। गाँव के मुखिया खुद सभी व्यवस्थाओं की देखरेख की।

यज्ञ के दिन सूरज बहुत साफ और चमकीला था। हर कोई उत्तम परिधान से सुसज्जित था और प्रयास कर रहा था कि कहीं कोई त्रुटि नहीं रह जाए। वे चाह रहे थे कि वर्षा के देवता के प्रति उनका विश्वास साबित हो जाए। यज्ञ प्रारंभ हो गया। प्रत्येक सामग्री सकारात्मक भाव एवं आशा के साथ अर्पित की गई। प्रत्येक मंत्र का उच्चारण

भक्तिपूर्वक किया गया। सभी ग्रामीण एकत्र होकर बैठ गए और हाथ जोड़कर प्रार्थना करने लगे।

जैसे ही यज्ञ की पूर्णाहुति का समय आया वैसे ही गाँवे के लोग परेशान होने लगे। वर्षा होने के कोई लक्षण नहीं दिख रहे थे .... आसमान में बादल भी नहीं था। हर कोई पंडितजी की ओर प्रश्नभरी निगाहों से देखने लगा और वह यज्ञ करते रहे। उसके बाद उन लोगों ने गाँव के मुखिया से पूछा, " क्या गलती हुई? क्या कुछ त्रुटि हुई है? क्या हमने अपने विश्वास का प्रमाण नहीं दिया है? क्या हमसे कुछ भूल हुई है?"

उसके बाद मुखिया ने अपनी सूची में देखा कि कोई आवश्यक चीज छूट तो नहीं गई है। लेकिन कोई त्रुटि नहीं हुई थी। उसी समय मुखिया को छोटा लड़का चिल्लाया, " बाबूजी वर्षा के देवता के प्रति अपने विश्वास को प्रमाणित करने में हमने सबसे महत्वपूर्ण वस्तु छोड़ दी है। लेकिन चिन्ता न करें, हम इसे ले आते हैं।" वह उठा और अपने दोस्तों को इकट्ठा करके अपने घरों की ओर दौड़ पड़े।

उसके बाद बच्चों की एक छोटी टोली आयी। उनके हाथ में वर्षा के देवता को प्रसन्न करने के लिए सामग्री थी।

विचार-मंथन

1. वर्षा के देवता के प्रति अपने विश्वास को प्रकट करने के लिए युवाओं ने क्या किया?

नीचे दिए गए जवाब को देखने से पहले विचार-मंथन आपको स्वयं इस प्रश्न का जवाब सोचने के लिए प्रोत्साहित करता है।

जवाब

1. लड़कों ने छतरी लायी।

88

भूत–बंगला

भूत–बंगला रतन और उसके दोस्तों के बीच बातचीत का प्रिय विषय था। उसके घर से लगभग दो किलोमीटर की दूरी पर स्थित वह भूत–बंगला काफी लम्बे समय से अस्तित्व में था। उसके पिता भी इस बात को याद कर रहे थे। उस घर के बारे में अनेक कहानियां प्रचलित थीं। उनकी चर्चा शाम में बूढ़े और जवान – सभी किया करते थे। रतन की माँ ने उसे उस घर के पास जाने से मना किया था। उसने रतन को मना की थी कि वह स्कूल लम्बे रास्ते से जाए ताकि उसे उस घर के पास नहीं गुजरना पड़े।

एक दिन वह अपने दोस्त के घर खेलने के लिए गया था। जब वह वहां से लौटने लगा तब दोस्त की माँ ने उसे अपने कामवाली के नौ वर्ष के बेटे को उसके घर छोड़ देने के लिए कहा। रतन उस छोटे लड़के के साथ चल पड़ा। रतन ने उससे उसके घर का पता पूछा। उसने अपने घर की सड़क की ओर संकेत किया।

रतन के हाथ–पाँव फूलने लगे। वह सड़क तो भूत–बंगले की ओर जाती थी। इसका मतलब यह था कि उसे भूत–बंगले के पास से होकर गुजरना पड़ता। उसके मन में हुआ कि उस लड़के को मना कर दें मगर उसे तो उसके घर तक छोड़ना था।

जैसे ही वह उस भूत–बंगले के पास से गुजरा तो उसे जितनी भी प्रार्थना आती थी उसने मन ही मन उन सबका स्मरण किया। अंततः लड़के उस भूत–बंगले की दीवार के अंतिम छोड़ पर मुड़े। वहां पर उस लड़के ने अपने घर की ओर संकेत किया। घर घास–फूस का बना हुआ था और भूत–बंगले की दाहिनी ओर था। रतन ने आश्चर्यपूर्वक

पूछा, " तुम यहां रहते हो!" उस लड़के ने सिर हिलाया। उसी समय भूत–बंगले के गेट से उसकी बहन दो बर्तनों में पानी लिए हुए बाहर निकली।

रतन ने उस लड़के से पूछा, "तुम इस घर के बगल में कैसे रहते हो? तुम्हारी बहन इस घर से पानी कैसे भरती है? क्या तुम्हें मालूम नहीं कि यह भूत–बंगला है?"

विचार–मंथन

1. लड़के ने क्या जवाब दिया?
2. इस कहानी से क्या शिक्षा मिलती है?

नीचे दिए गए जवाब को देखने से पहले विचार–मंथन आपको स्वयं इन प्रश्नों का जवाब सोचने के लिए प्रोत्साहित करता है।

जवाब

1. उस लड़के ने कहा,"हो सकता है यह भूत–बंगला हो। कुछ लोग ऐसा कहते हैं। लेकिन हमने अभी तक किसी भूत को नहीं देखा है। हम केवल इतना जानते हैं कि यही वह स्थान है जिसे हम अपना घर कहते हैं। और भूत बंगले के अंदर जो नल है वही हमारे लिए जल का एक मात्र स्रोत है।
2. हम आसानी से भूत–प्रेत में विश्वास कर लेते हैं और भूत–बंगले के पास से गुजरने में परहेज करते हैं क्योंकि हमें ऐसा विश्वास करने से कोई नुकसान नहीं होता है और हम उधर जाने से परहेज कर पाते हैं। मगर वे लोग जो जीवन की मूल–भूत आवश्यकताओं और अपने अस्तित्व के लिए संघर्ष कर रहे हैं उनके लिए भूत–प्रेत एवं भूत–बंगले कोई मायने नहीं रखते हैं।

89
दृष्टिकोण

श्रीधर की आदत थी कि वह अपने अनुभव की चर्चा अपने गुरु से किया करते थे। सामान्य तौर पर उनके गुरु उनसे नहीं कहते थे कि वह गलत हैं। वह उदाहरण के माध्यम से श्रीधर को बता दिया करते थे कि वह क्या चाह रहे हैं।

एक बार श्रीधर ने अपने गुरु से कहा कि उन्होंने अनुभव किया है कि व्यक्ति के बचपन में जैसा अनुभव रहा है और जिस माहौल में वह पलता–बढ़ता है उनके मुताबिक उसका चरित्र, व्यवहार, प्रकृति और व्यक्तित्व होता है।

गुरु मुस्कुराए और उन्होंने कहा, ''हम आपके सिद्धांत का परीक्षण करते हैं।'' वह श्रीधर को अपने दिवंगत ड्राइवर के घर पर ले गए। ड्राइवर की पत्नी और उसके बड़े बेटे ने उनका स्वागत किया। बड़े बेटे गुरुजी की कंपनी में काम करते थे।

आधे घंटे के बाद ड्राइवर का छोटा बेटा आया। उसने शराब पी रखी थी। उसके बड़े भाई ने उसे दूसरे में लेजाकर बंद कर दिया। कमरा शराब की गंध से भर गया।

बड़े भाई ने छोटे भाई के व्यवहार के लिए माफी मांगी। बातचीत में श्रीधर को पता चला कि उस लड़के के पिता यानी गुरुजी के ड्राइवर की मौत शराब की आदत के कारण हो गई जब वे बच्चे किशोरावस्था में थे। कुछ समय बाद गुरुजी वहां से चल पड़े। इसके बाद उन्होंने श्रीधर से कहा, ''इस कहानी से तुम्हें क्या शिक्षा मिली?''

विचार-मंथन

1. श्रीधर ने क्याजवाब दिया?

नीचे दिए गए जवाब को देखने से पहले विचार–मंथन आपको स्वयं इस प्रश्न का जवाब सोचने के लिए प्रोत्साहित करता है।

जवाब

1. यद्यपि किसी व्यक्ति के चरित्र निर्माण में उसके परिवेश और अनुभवों का हाथ रहता है, मगर अनुभवों के प्रति व्यक्ति के खुद का दृष्टिकोण भी बहुत महत्वपूर्ण रहता है। ड्राइवर के बेटों के मामले में जहां बड़े लड़के ने पिता की दयनीय स्थिति को देखा और निर्णय लिया कि वह शराब को हाथ नहीं लगाएगा तथा वह स्वतंत्र रहते हुए अपने परिवार का भरण–पोषण करेगा, वहीं छोटा बेटा पूरी तरह से अपने पिता के प्रभाव में चला गया तथा कम उम्र से शराब पीने लगा।

90

कटोरी से साम्बर का छलकना

जितनी बार ईशा अपने मायके गई उतनी ही बार उसे बच्चों के परवरिश के बारे में कोई न कोई नुस्खा मिला। इस बार उसके मायके में माता–पिता के शादी की सालगिरह का आयोजन उनके नए मकान में था।

उसके माता–पिता ने हाल ही में नया बंगला तैयार करवाए थे। उन्हें ने बहुत ही ध्यान से उस मकान को बनबाया था और उसमें जरूरत की हर छोटी चीजों को रखवाया था जिन्हें वे पहले कभी नहीं ले पाए थे। उन्होंने उसे इंटेरियर डेकोरेटर से सजवाया भी था जिसने उसमें अद्भुत एवं प्यारे पेंटिंग्स लगवाए थे और उसी से मेल खाते हुए कालीन भी बिछवाए थे।

ईशा जानती थी कि उसकी बेटी सोनिया उसके मायके में जाकर उध म मचा सकती है। इसलिए उसने उसे चेतावनी दी थी कि नाना के नए घर पर जाकर किसी चीज को बर्वाद नहीं करना।

ईशा की माँ ने बच्चों के लिए इडली–साम्बर बनायी थी और सोनिया साम्बर से लबालब भरे कटोरे को अपने टेबल की ओर ले जा रही थी तभी उसके नन्हें हाथों से साम्बर का कटोरा फिसल गया। साम्बर पूरी कालीन पर फैल गया।

सोनिया उठकर खड़ी हो गई और उसने देखा कि उसने कालीन की क्या दुर्गति की है। रोते हुए वह रसोई घर की ओर भागी जहां पर नानी और ईशा कटोरियों में साम्बर भर रही थी। सुबकते हुए उस बच्ची ने कहा, " नानी, सॉरी। मैंने हॉल की कालीन पर साम्बर गिरा दी।" इस पर ईशा हक्का–बक्का रह गई।

नानी सोनिया को देखकर मुस्कुराने लगी। घुटने के बल बैठकर वह बोली.....

विचार–मंथन

1. नानी ने सोनिया से क्या कहा?
2. इस कहानी से क्या शिक्षा मिलती है?

नीचे दिए गए जवाब को देखने से पहले विचार–मंथन आपको स्वयं इन प्रश्नों का जवाब सोचने के लिए प्रोत्साहित करता है।

जवाब

1. नानी ने कहा, "कोई बात नहीं सोनिया। हमने ढेर सारा साम्बर बनाया है। तुम्हें जितनी मर्जी हो ले सकते हो।
2. बच्चे तो बच्चे ही रहेंगे। यद्यपि उन्हें अनुशासित करना अनिवार्य है मगर बड़ों को भी महसूस करना चाहिए कि बच्चों में समझदारी विकसित होने में समय लगेगा। यदि वह उनकी गलतियों को महसूस करेंगे तो उन्हें माफ करना और भूल जाना ही बेहतर मानेंगे।

91
परिश्रम का फल मीठा होता है

रवि कंपनी का स्टार सेल्समैन था। उसकी कंपनी बहुत–सी पत्रिकाएं प्रकाशित करती थीं। हर माह वह अपने टारेगट को पूरा करते जाता था और अपने साथियों के लिए प्रेरणास्रोत बनते जाता था। दूसरी पत्रिकाओं से जुड़े सेल्स के लोगों को भी फिल्ड प्रशिक्षण के लिए उसके पास भेजा जाता था। सेल्स के जिन लोगों को सुबह में वह कॉल करता था वह उसके साथ आ जाते थे।

उसके साथ उसके बॉस सहित जो भी व्यक्ति सेल्स कॉल पर जाता था वह एक दिन में उसके द्वारा किए गए कॉल की संख्या से तंग हो जाता था। चाहे कोई कॉस सफल हो अथवा कहीं पर ग्राहक उसके सामने ही दरवाजा बंद कर लेते थे, वह अगले कॉल पर उसी उत्साह के साथ आगे बढ़ जाता था।

हैरान करने वाली बात थी। हर कोई हैरान था कि रवि इतना कुछ कैसे कर लेता था। कंपनी के स्थापना दिवस समारोह में वर्ष के कर्मचारी के रूप में रवि का नाम घोषित किया गया। पुरस्कार लेने के बाद कंपनी के प्रबंध निदेशक ने उससे लोगों को संबोधित करने के लिए कहा क्योंकि उन्होंने भी रवि के बारे में बहुत–कुछ सुन रखा था। आभार व्यक्त करने के बाद रवि मंच से उतरने लगा तो प्रबंध निदेशक ने उसे रोक लिया। उन्होंने कहा कि कुछ ऐसी बात है जो लोग आपसे जानना चाह रहे हैं – कॉल का परिणाम चाहे कुछ भी हो वह एक कॉल के बाद दूसरे कॉल पर उसी उत्साह के साथ कैसे आगे बढ़ जाता है?

विचार–मंथन

1. रवि का जवाब क्या था?

नीचे दिए गए जवाब को देखने से पहले विचार–मंथन आपको स्वयं इस प्रश्न का जवाब सोचने के लिए प्रोत्साहित करता है।

जवाब

1. रवि ने कहा, ''यह बहुत आसान है, सर। यदि दिन का पहला कॉल सफल हो जाता है तो मैं स्वयं से कहता हूँ, ''आज का दिन सौभाग्यशाली है।'' और यदि दिन का पहला कॉल सफल नहीं होता है तो मैं स्वयं से कहता हूँ, ''आज का दिन थोड़ा कठिन लग रहा है। मुझे आज कठिन परिश्रम करना पड़ेगा।''

92

आधी टिकट

अमरनाथ अपने बारह साल के बेटे को मनोरंजन पार्क ले गया। वह जानता था कि वहां की टिकट मंहगी हैं। उसने सोचा कि बच्चे जब कम उम्र के होते हैं तब पार्क में जाने का मजा ही कुछ और होता है।

टिकट की खिड़की पर टिकट देने वाले के अलावा कोई नहीं था। अमरनाथ ने टिकट वाले से बड़ों के लिए दो टिकट देने के लिए कहा। उस आदमी ने अमरनाथ से पूछा कि उसके बेटे की उम्र कितनी है। अमरनाथ ने कहा कि लड़का बारह साल का है।

उस आदमी ने कहा, "सर, यदि आप चाहते हैं तो मैं एक टिकट बड़े वाला और एक बच्चे वाली टिकट दे सकता हूँ। ग्यारह साल तक के बच्चे को आधी टिकट लगती है। कोई नहीं फर्क कर पाएगा।"

विचार–मंथन

1. अमरनाथ ने क्या जवाब दिया?
2. इस कहानी से क्या शिक्षा मिलती है?

नीचे दिए गए जवाब को देखने से पहले विचार–मंथन आपको स्वयं इन प्रश्नों का जवाब सोचने के लिए प्रोत्साहित करता है।

जवाब

1. अमरनाथ ने कहा कि मेरे बेटे को फर्क मालूम हो जाएगा।

2. बच्चे अपने माँ–बाप से सीखते हैं। इसलिए माता–पिता को अपने व्यवहार में सतर्क रहने की जरूरत होती है। यदि अमरनाथ ने उस आदमी की सलाह मान लिया होता तो उसके बेटे के मन पर उसका गलत प्रभाव सदा के लिए पड़ जाता।

93
अद्वितीय दानवीर कर्ण

महाभारत के महान योद्धा कर्ण को दानवीर कर्ण के रूप में भी जाना जाता था। एक बार अर्जुन ने कृष्ण से पूछा, " कर्ण में ऐसा क्या जिससे वह महान एवं दानवीर हैं? इस दृष्टि से मैं उनके जैसा क्यों नहीं हूँ?"

कृष्ण मुस्कुराने लगे और उन्होंने अर्जुन को शिक्षा देने का निर्णय लिया। वे किसी पर्वतमाला से होकर गुजर रहे थे। कृष्ण ने अपनी अंगुली के स्पर्श से उस पर्वत को सोने के पर्वत में बदल दिया। इसके बाद उन्होंने कहा, "अर्जुन, तुम्हें इस स्वर्ण पर्वत को इस गाँव के लोगों को दे देना चाहिए। केवल इतना ध्यान रखो कि पूरा सोना लोगों को मिल जाए।"

अर्जुन ने प्रसन्नतापूर्वक ग्रामीणों को बुलाया और कहा कि वह स्वर्ण दान करेंगे। इससे ग्रामीण लोग काफी प्रसन्न हुए और वे अर्जुन की प्रशंसा करते हुए उस स्वर्ण पर्वत की ओर गए। अर्जुन बड़े गौरव के साथ अपना स्थान ग्रहण करके प्रत्येक ग्रामीण को स्वर्ण दिया। ऐसा दो दिनों तक चलता रहा। फिर भी स्वर्ण भंडार समाप्त नहीं हुआ। अर्जुन थक गए। उन्होंने कृष्ण से कहा कि वह विश्राम करना चाहते हैं क्योंकि अब और अधिक स्वर्ण दान करना उससे संभव नहीं है।

उसके बाद कृष्ण ने कर्ण को बुलाया और उनसे स्वर्ण पर्वत का वितरण सुनिश्चित करने के लिए कहा।

विचार–मंथन

1. कर्ण ने उस स्वर्ण पर्वत का वितरण कैसे किया?
2. इस कहानी से क्या शिक्षा मिलती है?

नीचे दिए गए जवाब को देखने से पहले विचार–मंथन आपको स्वयं इन प्रश्नों का जवाब सोचने के लिए प्रोत्साहित करता है।

जवाब

1. कर्ण ने सिर्फ ग्रामीणों को बुलाया और उनसे स्वर्ण–पर्वत ले जाने के लिए कहा। इसके बाद वह वहां से चले गए।
2. अर्जुन स्वर्ण दान करने के बाद भी इसके मोह में पड़े हुए थे। इसलिए उन्होंने स्वर्ण दान में स्वयं को शामिल कर लिया। उन्होंने अपने विवेक के अनुसार प्रत्येक ग्रामीण को स्वर्ण की उचित मात्रा दी। ग्रामीणों के मुख से अपनी प्रशंसा सुनकर भी वह बहुत खुश थे। दूसरी ओर कर्ण बिना किसी प्रशंसा अथवा आशीर्वाद की चाहत से लोगों को स्वर्ण पर्वत दे दिया। इस प्रकार उन्होंने खुद को अद्वितीय दानवीर साबित कर दिया।

94
महान दानी कर्ण

महान दानी कर्ण की एक और कहानी है।

जब कर्ण छोटे थे तब उनके द्वार पर एक ब्राह्मण आए। ब्राह्मण ने उन्हें एक मुट्ठी दाना भिक्षा में देने के लिए कहा।

कर्ण अपने घर के अंदर गए। उन्होंने एक बोरे में अनाजभर ब्राह्मण के लिए लाया। ब्राह्मण ने उनसे कहा, "बालक, मैंने आपसे एक मुट्ठी अनाज मांगा था। आपने मुझे इतना अधिक क्यों दिया?

कर्ण का जवाब सुनकर ब्राह्मण विस्मित रह गए।

विचार-मंथन

1. कर्ण का जवाब क्या था?
2. इस कहानी से क्या शिक्षा मिलती है?

नीचे दिए गए जवाब को देखने से पहले विचार-मंथन आपको स्वयं इन प्रश्नों का जवाब सोचने के लिए प्रोत्साहित करता है।

जवाब

1. कर्ण ने जवाब दिया, " हे ब्राह्मण, मेरे हाथ छोटे हैं। यदि मैं आपको मुट्ठी भर अन्न देता तो यह आपके साथ अन्याय होता।"
2. कर्ण वास्तव में एक महान दानी थे। वे न केवल बिना अपेक्षा के लोगों को देते थे बल्कि दान प्राप्त करने वाले के नजरिए से सोचते भी थे।

95
धैर्य

लोग साथ मिलकर स्वामी जी से आध्यात्म की जानकारी लेने के लिए आए थे। स्वामी जी उन्हें संबोधित कर रहे थे। उस दिन के प्रवचन का विषय था – धैर्य। एक आदमी ने उठकर प्रश्न किया, ''स्वामी जी धैर्य क्या है?''

हर किसी को धैर्य को समझने की जिज्ञासा थी। लेकिन स्वामी जी ने कहा, ''मित्रो, मैं भूल चुका हूँ कि धैर्य क्या होता है। क्या आप 5 मिनट तक प्रतीक्षा कर सकते हैं तब तक मैं धैर्य के बारे में तथ्यों का स्मरण कर लूँ? श्रोतागण उदास हो गए किंतु उन्होंने अपनी सहमति दे दी।

पाँच मिनट के बाद स्वामी जी जवाब देने के लिए उठे।

विचार–मंथन

1. स्वामी जी ने क्या जवाब दिया?

नीचे दिए गए जवाब को देखने से पहले विचार–मंथन आपको स्वयं इस प्रश्न का जवाब सोचने के लिए प्रोत्साहित करता है।

जवाब

1. स्वामी जी ने कहा, ''आप सभी मेरे जवाब सुनने के लिए उत्सुक थे। मगर तब भी आपने पाँच मिनट तक प्रतीक्षा की। मित्रो, यही 'धैर्य' है।''

96
सुधार के लिए तत्पर

सोमनाथ प्रकाशन कंपनी में अधिकारी थे। रवि कार्यालय सहायक था जो सोमनाथ को थोक विक्रेताओं को माल प्रेषण करते समय सोमनाथ की मदद किया करता था। जहां सोमनाथ एम.बी.ए. किया हुआ था वहीं रवि ने अपनी शुरूआत चपरासी के पद से की थी। बाद में उसने कठिन परिश्रम करके पढ़ाई की और कंप्यूटर सीखा। उसके बाद वह कार्यालय सहायक हो गया।

एक महत्वपूर्ण ऑर्डर को भेजते समय सोमनाथ और रवि ने गलत किताबें भेज दीं। थोक विक्रेता ने जब शिकायत की तब उसके बॉस को इस बारे में पता चला। उसके बॉस की छवि एक स्वच्छ व्यक्ति की थी। उन्होंने उन दोनों को बुलाकर गलती के बारे में बताया। गलती मालूम होने पर सोमनाथ ने बहस की कि उसे ऑर्डर भेजने के लिए बहुत कम समय दिया गया। उसने कहा कि उसे दूसरे भी ऑर्डर भेजने थे इसलिए वह बहुत अधिक व्यस्त था। उसने कहा कि रवि को ऑर्डर पर ध्यान देना चाहिए और गलती को उसकी नजर में लाना चाहिए।

उसके बाद बॉस ने रवि से पूछा कि इस मामले में उसका क्या कहना है। रवि ने बहुत ही सहज रूप से कहा, ''सॉरी सर। आगे से ध्यान रखूँगा।''

उनके बॉस ने सोमनाथ को ज्ञापन यानी मेमो दिया किंतु रवि को नहीं। सोमनाथ को इससे गुस्सा आ गया। उसने इस पक्षपात के लिए बॉस से कारण पूछा। यदि दोनों ने एक ही गलती की है तो उसे ही सिर्फ दंड क्यों दिया जा रहा है?

बॉस ने कहा.....

विचार–मंथन

1. उसके बॉस ने क्या कहा?

नीचे दिए गए जवाब को देखने से पहले विचार–मंथन आपको स्वयं इस प्रश्न का जवाब सोचने के लिए प्रोत्साहित करता है।

जवाब

1. बॉस ने कहा, ''लोगों को दंड इसलिए दिया जाता है ताकि वे अपनी गलती को सुधार सकें। जहां रवि को सीख मिल गई और वह सुधार हेतु तत्पर है, वहीं तुम अपनी गलती मानने के लिए तैयार नहीं हो। अतएव तुम्हें ज्ञापन दिया गया।''

97
सच कहूँ तो

बंसीलाल मिठाई की दुकान पर हर रोज जाया करता था। वह हर रोज गुलाब की खुशबू वाला एक ग्लास दूध लिया करता था। ऐसा कई वर्षों तक चला।

एक दिन जब दूध पीने के बाद बंसीलाल चले गए तब दुकान के मालिक ने देखा कि दूध की कराह में बड़ा–सा तिलचट्टा मरा हुआ था। वह काफी दुखी हो गया कि उसने अपने ग्राहक को दूषित दूध दे दिया। वह बंसीलाल के बारे में खास तौर पर चिंतित था जो अनेक वर्षों से उसके यहां हर रोज आया करता था। उसने भगवान से प्रार्थना की कि बंसीलाल बीमार न पड़े।

वह अगले दिन बंसीलाल का इंतजार करने लगा। मगर बंसीलाल उस दिन नहीं आया। उसके अगले दिन और उसके भी अगले दिन बंसीलाल नहीं आया। उसके बाद दुकान मालिक बहुत ही चिंतित हो गया। उसके मन में अंदेशा होने लगा कि बंसीलाल को फूड–प्वाइजनिंग तो नहीं हो गया अथवा वह इस कारण चल तो नहीं बसा।

उसने भगवान से प्रार्थना की, ''हे प्रभु, ऐसी अनहोनी न होने देना।''

हलांकि अगले दिन उसके अंदेशे का अंत हो गया। बंसीलाल पहले की भांति खुशी–खुशी उसकी दुकान पर आया और एक ग्लास गुलाब की खुशबू वाले दूध देने के लिए कहा। दुकानदार की खुशी का ठिकाना नहीं रहा। वह बंसीलाल के पास जाकर पूछा, ''महाशय, आप कहां थे? पिछले सप्ताह आप मेरी दुकान पर नहीं आए?''

अचंभित होकर बंसीलाल ने कहा कि वह शहर से बाहर गया हुआ था। दुकानदार को सुकून मिला। बंसीलाल ने उसके प्रश्न का मतलब

जानना चाहा। इस पर दुकानदार ने कहा, "सच कहूँ तो कुछ दिन पहले जब आप मेरी दुकान पर आए थे उस समय आपको जिस बर्तन से निकालकर दूध दिया गया उसमें तिलचट्टा मरा हुआ था। मुझे चिंता हो रही थी कि इसका आपके स्वास्थ्य पर प्रभाव पड़ गया और आपको फूड प्वाइजनिंग हो गई। जब आप कुछ दिनों तक मेरी दुकान पर नहीं आए तो मुझे लगा कि आप फूड प्वाइजनिंग से चल बसे।" हतप्रभ बंसीलाल उठ गया और दुकान छोड़कर चला गया।

दो दिनों के बाद दुकानदार को मालूम हुआ कि फूड प्वाइजनिंग के कारण बंसीलाल की मौत हो गई।

विचार-मंथन

1. कहानी सुनकर बंसीलाल की क्यों मौत हो गई?
2. इस कहानी से क्या शिक्षा मिलती है?

नीचे दिए गए जवाब को देखने से पहले विचार-मंथन आपको स्वयं इन प्रश्नों का जवाब सोचने के लिए प्रोत्साहित करता है।

जवाब

1. लोग जिस बात से अनभिज्ञ रहते हैं उससे उन्हें परेशानी नहीं होती है। बंसीलाल के साथ यही हुआ था। उसका विश्वास था कि दूध ठीक था तो उसने दूषित दूध को भी पचा लिया। मगर जब उसे मालूम हो गया कि उसने दूषित दूध पी लिया है तो वह अच्छे दूध को भी नहीं पचा सका। जब उसे मालूम हो गया कि उसने दूषित दूध पी लिया है तो उसे फूड प्वाइजनिंग हो गई और वह मर गया।
2. जिस सच का कोई प्रयोजन नहीं है उसे लोगों को नहीं बताना चाहिए। इससे लाभ तो कुछ नहीं मिलता बल्कि लोग खामखाह परेशान हो जाते हैं।

98

उदाहरण कायम करना

मेघनाद को काम से घर लौटने में अस्वाभाविक देर हो गई। उसकी पत्नी का भी दिन काम पर बहुत कठिनाई से गुजरा था। जब वह रात में अपने दस साल के बेटे के साथ खाना खा रहा था तो पत्नी ने झटपट परोस दी।

अचानक उसका बेटा चिल्लाने लगा, " मम्मी, यह कढ़ी बहुत बेकार है।" मेघनाद की पत्नी मुड़कर बच्चे को देखी और दुखी होकर बोली, "सॉरी बेटे, कढ़ी में क्या कमी है?"

बेटे ने फिर कहा, "बहुत बेकार है, मैं नहीं खा सकता।"

मेघनाद ने बेटे को चुपचाप देखा और कहा, "चिल्लाने की जरूरत नहीं है। मैं भी वही कढ़ी खा रहा हूँ। तुम्हें लगता है कि इसमें कोई कमी है तो इसमें नमक अथवा मसाला स्वादानुसार डाल सकते हो।" बेटे ने चुपचाप कढ़ी खा ली।

बाद में जब उसकी पत्नी खाने के लिए बैठी तो उसने महूसस किया कि कढ़ी में न तो नमक था और न ही मसाला। उसने अपने पति से पूछा कि जब बच्चे ने कहा कि कढ़ी का स्वाद खराब है तो उसने कुछ क्यों नहीं कहा।

विचार–मंथन

1. मेघनाद का जवाब क्या था?
2. इस कहानी से क्या शिक्षा मिलती है?

नीचे दिए गए जवाब को देखने से पहले विचार–मंथन आपको स्वयं इन प्रश्नों का जवाब सोचने के लिए प्रोत्साहित करता है।

जवाब

1. मेघनाद ने कहा, ''जब हमारे बच्चे बड़े होंगे तो उन्हें कढ़ी का स्वाद याद नहीं रहेगा। मगर उन्हें हमारे शब्द और व्यवहार याद रहेंगे। मैंने एक उदाहरण कायम किया है।
2. बच्चे माता–पिता के व्यवहार का अनुकरण करते हैं। यदि मेघनाद अपने बच्चे की तरह प्रतिक्रिया व्यक्त करता तो उससे उनकी पत्नी को न केवल दुख होता बल्कि बच्चे समझते कि यही स्वाकार्य व्यवहार है। मेघनाद चाहते थे कि उसके बच्चे में ऐसी आदत विकसित न हो इसलिए उन्होंने सबसे पहले खुद के व्यवहार को नियंत्रित किया।

99
शिक्षक

आचार्य श्रीपाद के साथ उनके आश्रम में अनेक शिष्य रहते थे। लेकिन उनके बीच एक लड़का था जो चोर था। आचार्य श्रीपाद इस बारे में जानते थे मगर उन्होंने उस लड़के से कुछ नहीं कहा। एक दिन कुछ अन्य लड़कों ने उस लड़के को रंगे हाथ पकड़ लिया। उन सबने उस लड़के को आचार्य के पारा लाया लेकिन आचार्य ने उससे कुछ भी नहीं कहा। दूसरे लड़को को आचार्य का व्यवहार समझ में नहीं आया कि वह मौन क्यों रहे।

कुछ दिनों के बाद वह लड़का फिर चोरी करते पकड़ा गया। फिर उन लोगों से शिक्षक से शिकायत की मगर शिक्षक ने कुछ नहीं कहा। इससे वे सभी लड़के नाराज हो गए और उन्होंने निर्णय लिया कि वे आचार्य से उस लड़के को वापस घर भेज देने का अनुरोध करेंगे। उनमें से कोई भी उस चोर लड़के के साथ अध्ययन नहीं करना चाहता था। उनमें से एक ने पूछा, " यदि इस बार भी आचार्य ने कुछ नहीं कहा तो हमलोग क्या करेंगे?"

उनमें से सबसे बड़े लड़के ने कहा, "तब एक ही बात होगी। आचार्य को दो में से किसी एक को चुनना पड़ेगा – चाहे तो यह लड़का रहेगा अथवा हमलोग रहेंगे।"

वे सभी आचार्य के पास गए और उनसे उस लड़के को बाहर करने के लिए कहा वरना वे सभी चले जाएंगे। इस पर आचार्य ने कहा, "मुझे तुम सबको छोड़ने पर भारी दुख होगा परंतु मैं उसे छोड़कर जाने के लिए नहीं कह सकता।"

इससे छात्रों को गुस्सा आ गया। उन्होंने पूछा, ''आप हम सबको छोड़ सकते हैं, मगर उसे नहीं क्यों?''

आचार्य के जवाब से उन सभी लड़के और चोर को बात समझ में आ गई।

विचार–मंथन

1. आचार्य का जवाब क्या था?

नीचे दिए गए जवाब को देखने से पहले विचार–मंथन आपको स्वयं इस प्रश्न का जवाब सोचने के लिए प्रोत्साहित करता है।

जवाब

1. आचार्य ने कहा, '' मैं तुम सबको छोड़ने के लिए तैयार हूँ क्योंकि तुम्हें कोई भी शिक्षक पढ़ाकर गर्व का अनुभव करेंगे। मगर इस लड़के का क्या होगा? इसकी बुरी आदतों के कारण कोई भी शिक्षक इसे पढ़ाने के लिए तैयार नहीं होगा। इसलिए यह मेरी जिम्मेदारी है। मैं इसे यहां से जाने के लिए नहीं कह सकता हूँ।''

100
भगवान भला करें

सत्यवान को सोमवार को शिव मंदिर जाना पड़ता था। उसकी माँ ने उसे ऐसा करने के लिए कहा था। उसने यह भी कहा था कि भगवान शिव को दूध भी अर्पित करें।

मंदिर में हमेशा भीड़ रहती थी। इसलिए शाम में आरती के लिए उसे ऑफिस से जल्द निकलना पड़ता था।

उस दिन दूध खरीदने के लिए लम्बी कतार लगी हुई थी और उससे भी लम्बी कतार थी दर्शन करने वालों की। जब वह दर्शन के लिए कतार में बेसब्री से खड़ा था तब एक भिखारी कतार में खड़े लोगों के पास जाकर उनसे खाना मांग रहा था। अधिकांश लोग उस भिखारी को नजरअंदाज़ कर रहे थे और उन्हें दुत्कार रहे थे। जब वह सत्यवान के पास आया तो वह उस पर चिल्लाने लगा, ''यहां से चले जाओ।'' हताश होकर भिखारी वहां से चला गया और मंदिर के एक कोने में बैठकर रोने लगा।

सत्यवान भिखारी को बात कहने से दुखी हो गया। वह पंक्ति छोड़कर उसके पास आया। वहां खाने की कोई भी दुकान नहीं थी, इसलिए वह जो दूध भगवान शिव पर चढ़ाने के लिए लाया था उसे भिखारी को दे दिया। भूखा भिखारी दूध पीने लगा।

इसके बाद सत्यवान दर्शन की कतार में फिर से नहीं जा सका। उसे भगवान के आशीर्वाद की जरूरत थी लेकिन उसने सोचा कि आज उसे बिना आशीर्वाद के ही वापस जाना पड़ेगा। वह जानता था कि इससे उसकी माँ खुश नहीं होगी। लेकिन उन्हें मना लिया जाएगा।

लेकिन उसे उम्मीद थी कि भगवान उससे नाराज नहीं होंगे। लेकिन भिखारी के वचन ने उसके भय को दूर कर दिया।

विचार–मंथन

1. भिखारी ने क्या कहा?
2. इस कहानी से क्या शिक्षा मिलती है?

नीचे दिए गए जवाब को देखने से पहले विचार–मंथन आपको स्वयं इन प्रश्नों का जवाब सोचने के लिए प्रोत्साहित करता है।

जवाब

1. भिखारी ने कहा, "भगवान तुम्हारा भला करें, मेरे बच्चे।"
2. किसी की सेवा में बढ़े हुए एक हाथ का महत्व प्रार्थना में जुड़े दो हाथों के महत्व से कहीं अधिक होता है।

JAICO PUBLISHING HOUSE

Elevate Your Life. Transform Your World.

१९४६ में स्थापित जयको पब्लिशिंग हाउस एक ऐसी प्रकाशक संस्था है जिसने मशहूर लेखक श्री श्री परमहंस योगानंद, ओशो, रॉबिन शर्मा, दीपक चोपड़ा, स्टीफन हॉकिंग्ज, एकनाथ ईश्वरन, सर्वपल्ली राधाकृष्णन, निरद चौधरी, खुशवंत सिंह, मुल्कराज आनंद, जॉन मैक्सवेल, क्लेन बेनचार्ड और ब्रायन ट्रेसी जैसे लेखकों की किताबें प्रकाशित की हैं।

स्वर्गीय श्री जमन शाह ने पुस्तक वितरण कंपनी के रूप में जयको की स्थापना की थी। स्वतंत्रता आंदोलन चल रहा था, इसलिए उन्होंने अपनी कंपनी को 'जयको' (हिंदी में जय का मतलब जीत) नाम दिया। विकसनशील देशों में किताबों की उल्लेखनीय माँग को देखते हुए श्री शाह ने खुद ही किताबें प्रकाशित करने का फैसला किया। जयको देश की पहली प्रकाशन संस्था है जिसने अंग्रेजी भाषा में पेपर बैक पुस्तकें प्रकाशित कीं।

जयको ने अपने क्षितिज का विस्तार शैक्षणिक और व्यावसायिक, प्रबंधन, इंजीनियरिंग और प्रौद्योगिकी की किताबों के व्यापार में अग्रणी प्रकाशक के रूप में किया है। हमारे महाविद्यालय स्तर की पाठ्यपुस्तकों और संदर्भ शीर्षकों का अध्ययन देशभर के छात्र कर रहे हैं। हमारे शैक्षणिक और व्यावसायिक किताबों की सफलता काफी हद तक हमारे शैक्षणिक और कॉर्पोरेट बिक्री प्रभागों के प्रयासों के कारण है।

जयको केवल अपनी किताबें वितरित करता है। मुम्बई में मुख्यालय के अलावा, जयको के कार्यालय अमदाबाद, बैंगलोर, चेन्नई, दिल्ली, हैदराबाद और कोलकाता में भी हैं।

SINCE 1946